100EN GOODS DE SUIKOSAIEN
Copyright ⓒ 2012 by RYUZO ITO
All rights reservesd.
Original Japanese edition published in 2012 by SHUFUNOTOMO CO., LTD.
Korean translation rights arranged with SHUFUNOTOMO CO., LTD.
through Eric Yang Agency Co., Seoul.
Korean translaion rights ⓒ 201# by Sigongsa Co., Ltd.

이 책의 한국어판 저작권은 EYA 에이전시와 SHUFUNOTOMO를 통한 저작권자와의 독점 계약으로 시공사에 있습니다.
저작권법에 의해 한국 내에서 보호를 받는 저작물이므로 무단전재와 복제를 금합니다.

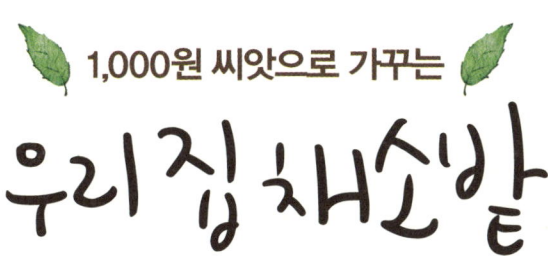

1,000원 씨앗으로 가꾸는
우리집 채소밭

이토 류조 지음 | **이용택** 옮김 | **장진주** 감수

Prologue

우리 집 채소밭으로 당신을 초대합니다

제 채소밭은 반 평 크기밖에 안 될 정도로 아주 작습니다.
그래도 우리 집 식탁에는 사계절 내내 형형색색의 채소가 차려지죠.
필요한 도구는 1,00엔 숍에서 다 구입할 수 있으니 돈도 많이 들지 않아요.
많은 분들이 저처럼 집에서도 간단하게 다양한 채소를 가꿔 보기 바랍니다.

★ 수경 채소밭, 이런 사람에게 필요해요 ★

- ☐ 채소를 가꾸고 싶지만 장소가 없는 당신
- ☐ 가능하면 흙 없이 실내에서 채소를 가꾸고 싶은 당신
- ☐ 베란다에서 채소를 재배하고 싶은데 흙 만지기는 싫은 당신
- ☐ 무농약 채소를 먹고 싶은 당신
- ☐ 화분 한두 개에 만족하지 않고 좀 더 본격적으로 채소를 기르고 싶은 당신
- ☐ 집에서 채소를 가꾸고 싶지만 물을 주거나 흙을 관리할 시간이 좀처럼 나지 않는 당신
- ☐ 채소를 재배하다가 포기한 적이 있지만 다음에는 꼭 성공하고 싶은 당신
- ☐ 많은 종류의 비료와 흙을 보관할 곳이 없는 당신
- ☐ 채소 기르는 방법을 공부하기 귀찮은 당신
- ☐ 일단 채소를 기르기 시작하면 반드시 수확해야만 직성이 풀리는 당신
- ☐ 채소를 본격적으로 가꾸고 싶지만 주말농장에 다니기는 귀찮은 당신
- ☐ 채소 가격이 비싸지는 시기에도 채소를 매일 듬뿍 먹고 싶은 당신
- ☐ 집에 뜰이 있지만 토질이 좋지 않아서 채소를 가꾸지 못하는 당신

Contents

004 Prologue 우리 집 채소밭으로 당신을 초대합니다
005 수경 채소밭, 이런 사람에게 필요해요

Part 1 수경 채소밭이란?

- 010 씨앗 뿌리는 방법
- 012 채소밭을 가꾸는 기초 노하우
- 016 편리한 재배 백 만들기
- 018 시판하는 모종을 기르는 방법
- 020 수경 채소밭에 적합한 배지
- 022 자동 급수병 만들기
- 023 방충망 보자기 만들기
- 024 재료의 기준량

★ column ★
- 017 전용 홀더 만들기
- 021 혼합 배지 만들기

Part 2 수경 채소밭에서 쑥쑥 자라는 잎채소

- 028 청경채
- 030 쑥갓
- 032 갓
- 034 물냉이
- 035 루콜라
- 036 바질
- 038 고수
- 039 부추
- 040 쪽마늘
- 042 쪽파
- 044 잔주름상추
- 047 적상추
- 048 프린지 그린
- 050 가든 레티스 믹스
- 051 양상추
- 052 반결구상추
- 053 꽃상추
- 054 치마상추
- 056 오키나와상추
- 057 오그라기상추
- 058 아삭채
- 059 임생채
- 060 겨자
- 061 일본식 열무
- 062 유채
- 063 근대
- 064 아이스플랜트

★ column ★
- 046 실내에서도 잘 자란다
- 068 수경 채소밭, 이런 점이 좋다!

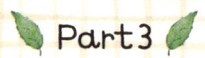

Part 3
자주 먹는 열매채소와 뿌리채소 수확하기!

070 방울토마토
073 토마토
078 오이
080 여주
081 참외
082 호박
084 가지
086 섬고추
088 하바네로 칠리
089 브로콜리
090 콜리플라워
091 순무
092 토란

094 감자
099 20일 무
100 당근
102 완두콩
104 강낭콩
106 풋콩
108 파파야

★ column ★

077 캄파리 토마토에서 씨 꺼내기
096 씨감자 만드는 법
097 감자 품종 중 '남작'을 기르는 법
098 감자 품종 중 '메이크인'을 기르는 법

112 Q&A 수경 채소밭을 제대로 가꾸는 비결
117 Epilogue

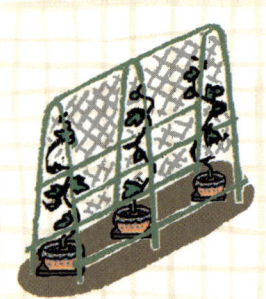

● 채소 선생님 후둥이의 꼼꼼 체크 ●

025 채소 선생님 후둥이의 꼼꼼 체크 1
026 국내 재배 도구, 여기에서 사세요
066 채소 선생님 후둥이의 꼼꼼 체크 2
067 목적별 잎채소 씨앗 추천
110 채소 선생님 후둥이의 꼼꼼 체크 3
111 간편한 미니 화분 추천

Part 1

수경 채소밭이란?

수경 채소밭을 만드는 방법은 아주 간단해요. 1,000원 숍에서 쉽게 볼 수 있는 씨앗 중 원하는 것을 구매해 씨를 뿌리고 발아시킨 다음 수경재배 트레이에 옮겨심기만 하면 됩니다. 가끔씩 배양액을 공급하며 즐거운 마음으로 수확을 기다려요.

씨앗 뿌리는 방법
스펀지에 씨앗을 놓고 발아를 기다린다

수경 채소밭의 첫 단계인 씨앗 뿌리기는 씨를 뿌린다기보다 놓는다는 느낌이 더 알맞아요.
손에 흙을 묻히지 않아도 거의 대부분 발아한답니다.

씨앗 뿌릴 때 필요한 도구

스펀지
스펀지 위에 씨앗을 올려놓으면 뿌리가 자라서 스펀지 내부로 뻗어 나가며 영양분을 흡수한다. 흡수를 위해 멜라민 스펀지나 수세미 스펀지처럼 조직이 거친 종류는 피해 구입한다.

씨앗
오래된 씨앗은 발아율이 낮으므로 유효기간을 잘 살펴 고른다.

트레이
물을 얕게 붓고 씨앗을 올린 스펀지를 넣는다.

꼬치
씨앗을 스펀지 위에 놓을 때 사용한다. 꼬치 대신 이쑤시개를 사용해도 좋다.

1

씨앗 올릴 스펀지 준비

스펀지를 사방 2.5cm 주사위 모양으로 자른 뒤 물이 담긴 상자에 넣고 손으로 주물러 공기를 뺀다.

▶ Point
멜라민 스펀지는 부적합. 수세미 스펀지는 수세미 부분을 잘라내고 수분을 잘 흡수하는 속 부분만 사용한다. 물에 뜨지 않을 때까지 공기를 빼면 준비 완료.

2

꼬치 이용해 씨앗 뿌리기

꼬치 끝에 물을 적시고 씨앗을 붙여서 스펀지 위에 살짝 올려놓는다. 스포이트로 물방울을 떨어뜨려 수분을 공급한다.

▶ Point
스펀지 하나에 씨 2알을 놓는 것이 기본이다. 작은 그릇에 씨들을 담아 놓고 작업하면 쉽다.

3

빛을 쪼이지 않고 발아 기다리기

발아할 때까지 씨앗이 건조해지지 않도록 화장지 한 겹을 살짝 올리고 스펀지가 반쯤 잠기도록 상자 안에 물을 부어 그늘에 둔다.

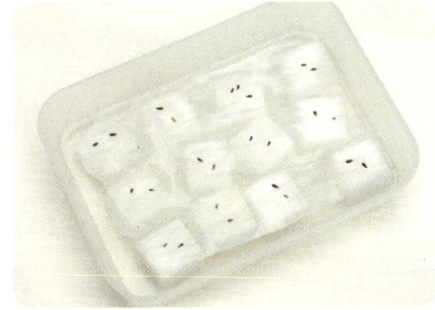

▶ Point
화장지는 두 겹으로 되어 있으니 손으로 한 겹을 떼어내서 나머지 한 겹만 사용한다. 옮겨심기 전에는 수돗물만 사용해도 된다.

4

발아 확인하기

위에 올려놓은 화장지를 뚫고 식물이 발아한다. 쌍떡잎이 충분히 자라면 수경 채소밭으로 옮겨심는다.

채소밭을 가꾸는 기초 노하우
수경재배 트레이를 만들어 배양액으로 기른다

앞의 《씨앗 뿌리는 방법》대로 배양을 한 뒤
잎이 나오면 수경재배 트레이에 옮겨심고 배양액을 주면서 키워요.

채소를 가꿀 때 필요한 것

배지
뿌리를 버티게 하고 양분과 산소를 공급하는 역할을 한다. 종류로는 질석, 펄라이트 등 몇 가지가 있다. p.20

거름망
배지를 펼쳐 놓을 때 필요한 도구로 트레이에 거름망을 놓고 그 위에 배지를 담는다.

플라스틱 컵
부피 210~230㎖, 높이 9cm, 지름 7cm 정도 되는 얇은 소재의 컵이 적당하다.

액체 비료
채소를 튼튼하게 키우는 데 필요한 양분이 모두 들어 있는 액체 비료를 고른다. 대유물푸레 같은 양액을 물과 혼합해 사용한다.

상자&채반
발아된 씨앗을 옮겨심을 때 가장 기본이 되는 도구. B[5] 사이즈 정도 되는 플라스틱 재질의 상자와 채반이 편리하다.

1

건강한 쌍떡잎 확인하기

《씨앗 뿌리는 방법》(p.10~11)으로 발아시킨 씨앗에서 쌍떡잎이 건강하게 자라는지 10일 정도 확인한다.

2

수경재배 트레이 만들기

상자에 채반을 겹쳐 놓고 그 위에 거름망 한 장을 넓게 깐다. 앞으로 채소가 자라게 될 채소밭이다.

▶ Point
거름망은 한 장으로 상자 전체에 깔 수 있는 대형 사이즈가 좋다. 만약 작은 사이즈밖에 없다면 두 장의 가장자리를 살짝 겹쳐서 깐다.

3

배지 깔기

거름망 위에 배지를 깐다. 수경 채소밭의 배지 재료로는 질석을 많이 사용한다.

▶ Point
B^5 사이즈의 상자에 까는 배지의 양은 플라스틱 컵으로 1~1.5컵 분량이다. 거름망 표면이 배지로 덮여 보이지 않을 정도의 양이면 적당하다.

4

배양액 만들기

수경재배용 양액 A액, B액을 수돗물 3ℓ에 각각 6㎖씩 넣고 섞어 500배로 희석한다.

▶ Point
수경재배에서는 양액을 500배로 희석한 배양액을 모든 채소에 사용한다. 채소의 종류에 상관없이 농도는 같다. 수돗물이 2ℓ라면 A액, B액을 각각 4㎖씩 섞는다. 단, A액과 B액을 원액끼리 섞으면 침전이 생길 수 있으니 주의한다.

5 배양액 살며시 붓기

앞에서 만든 배양액을 배지 위에 살며시 붓는다. 배지 표면이 젖을 정도면 적당하다.

▶ **Point**
배지가 파이지 않도록 상자의 가장자리부터 붓는다.

6 모종 맞이할 준비

배지 표면을 손으로 평평하게 다져 채소를 키울 트레이를 완성한다. 주걱을 사용해도 좋다.

7 모종 홀더 만들기

플라스틱 컵 바닥의 가운데에 동전을 대고 펜으로 원을 그린다. 옆의 사진을 참고해 테두리 두 군데와 원 모양 부분을 자른다.

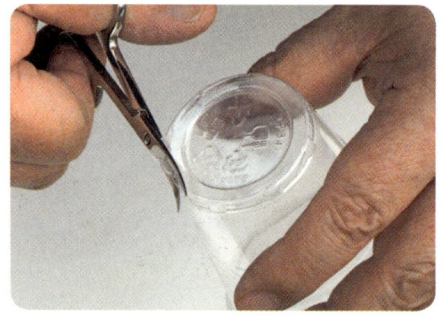

▶ **Point**
날 부분이 작은 눈썹 가위를 사용하고 사진의 빨간 선을 따라 테두리부터 자른다.

8 모종을 스펀지째 옮겨심기

발아한 스펀지를 젓가락으로 집어서 플라스틱 컵 홀더 바닥의 동전 크기만한 구멍에 끼워 넣는다.

▶ **Point**
스펀지가 홀더의 바닥 면 밖으로 2~3mm 나오도록 끼운다. 모종의 뿌리가 상하지 않도록 조심한다.

9

배지로 모종 지탱하기
플라스틱 컵 홀더와 스펀지 사이에 배지를 숟가락으로 떠넣어 모종을 묻는다.

▶ **Point**
스펀지가 덮일 정도까지 배지를 넣는다.

10

수경재배 트레이에 모종 옮기기
홀더에 끼운 모종 여러 개를 수경재배 트레이에 옮겨 가장자리 쪽으로 늘어놓는다.

11

줄어든 만큼 배양액 보충하기
모종을 늘어놓으면 홀더 안의 배지가 5에서 부은 배양액을 흡수하므로 채반을 약간 들어 올려 배양액을 보충한다.

▶ **Point**
채반을 상자에 도로 놓았을 때 배지 표면에 배양액이 배어날 정도까지 보충한다. 배양액의 양이 늘 이 상태를 유지하도록 수시로 보충한다.

12

녹조 발생을 막기 위한 간단한 팁
늘어놓은 홀더 사이의 배지 표면을 적당한 크기의 알루미늄 포일로 덮는다.

▶ **Point**
녹조가 발생하면 보기에도 좋지 않을 뿐 아니라 산소가 부족해져서 채소 뿌리에 악영향을 미친다.

편리한 재배 백 만들기
쓸모 있는 티백 준비!

간단한 재배 도구 하나를 더 소개할게요.
바로 티백으로 만드는 재배 백. 재배 백은 씨앗을 배지에 직접 뿌려서 재배하거나
스펀지째 모종을 넣어 재배할 때 편리해요.

How to Make

티백으로 재배백 만들기

세로 9.5cm, 가로 7cm 정도의 얇은 부직포로 된 티백을 뒤집고 바닥의 모서리를 각이 지게 접어 백을 만든다. 수경 채소밭에서는 꽤 유용한 도구로 사용된다.

▶ Point
양옆이 꿰매어진 티백을 사용하면 편리하다.

How to Use

씨앗을 배지에 직접 뿌리기

티백으로 만든 재배 백을 수경재배 트레이에 늘어놓고 배지 재료를 3cm 깊이(콩류는 4cm 깊이)로 넣는다. 그 위에 씨앗을 뿌린 다음 배지 재료를 뿌린다.

▶ Point
배지의 양이 재배 백마다 달라지지 않도록 플라스틱 컵으로 계량해서 넣는다.

How to Use

수경재배 트레이에서 모종 키우기

작은 숟가락 하나 분량의 배지 재료를 재배 백에 담고 《씨앗 뿌리는 방법》(p.10~11)에서 발아한 모종을 스펀지째 넣는다. 이것을 전용 홀더에 세팅한다.

▶ Point
전용 홀더에 세팅한 후 바닥 부분에 알루미늄 포일을 감싸면 수경재배 트레이 완성! 빛이 차단되어 녹조 발생을 막을 수 있다.

● 전용 홀더 만들기 ●

1

플라스틱 컵 바닥 면의 홈을 따라 원을 그린다. 바닥으로부터 높이 1/3 정도까지 옆면 사방에 선을 긋는다.

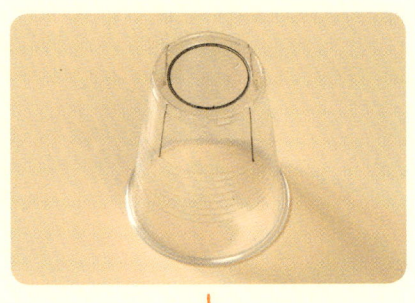

▶ Point
선은 유성 펜으로 긋는다.

2

바닥 면의 테두리를 가위로 작게 자르고 그곳에 가위를 넣어 원을 둥글게 잘라낸다. 옆면에 그은 선도 가위질한다.

 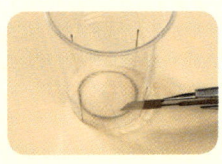

▶ Point
옆면의 선은 커터 칼로 잘라도 된다.

3

옆면의 두 선의 윗부분이 이어지도록 자른 다음 아랫부분도 같은 방식으로 자른다. 컵 아래쪽에 구멍이 두 개 생기면 완성.

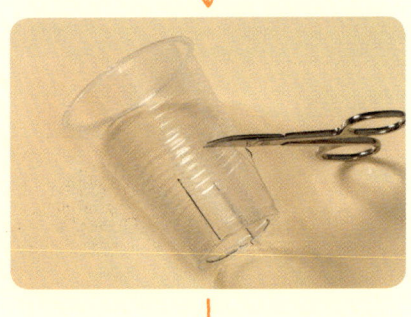 

▶ Point
완성된 컵의 아래쪽 모습.

4

티백으로 만든 재배 백을 세팅한다. 컵 옆면에 뚫린 구멍으로 재배 백의 양쪽 끝을 빼낸다.

▶ Point
알루미늄 포일을 바닥 부분에 감싸서 빛을 차단한다.

🌿 시판하는 모종을 기르는 방법 🌿

수경재배 화분에 옮겨심기

흙에서 자라던 모종을 수경 채소밭으로 옮겨도 쑥쑥 잘 자라요.
중요한 것은 어떻게 해야 흙에서 수경재배 화분으로 무사히 옮겨심을 수 있느냐죠.
큰 실수 없이 모종을 옮겨심는 방법을 배워보세요.

1

수경재배 화분 만들기

모종을 옮겨심을 화분을 준비하고 통풍이 잘되도록 바닥에 구멍을 여러 개 뚫는다. 그 위에 작게 자른 거름망을 깐다.

▶ **Point**

화분은 5호(지름 15cm) 정도면 충분하다. 이와 비슷한 크기의 채반을 사용하면 구멍을 뚫는 작업을 하지 않아도 되므로 편리하다.

2

배지 넣기

거름망을 깐 화분 또는 채반에 배지 재료를 1cm 높이만큼 넣는다.

▶ **Point**

배지에 관해서는 p.20을 참고할 것.

3

모종의 크기 확인

모종을 모종판째로 수경재배 화분에 넣고 모종판이 수경재배 화분보다 더 깊이 들어가는지 확인한다.

4

모종을 모종판에서 빼내기
모종이 심어진 모종판을 아래로 살짝 잡아당겨서 모종을 흙째 빼낸다.

▶ Point
흙째 옮겨심어야 뿌리가 상하지 않는다.

5

모종을 수경재배 화분에 놓기
모종판에서 빼낸 모종을 흙째 옮겨 2의 배지 위에 살며시 올려놓는다.

6

배지로 모종 지탱하기
모종이 심어진 흙과 수경재배 화분 사이를 배지로 꼼꼼히 채운다. 흙 위도 배지를 살짝 덮어 마무리한다.

▶ Point
숟가락을 사용해 흙과 수경재배 화분 사이에 배지를 가볍게 넣으면 안정감이 더해진다.

7

수경재배 트레이에 세팅하기
수경재배 트레이에 화분을 넣고 배양액을 붓는다. 화분의 배지 표면이 촉촉해질 정도로 배양액의 양을 유지한다.

▶ Point
트레이에 배양액을 부어놓으면 배지가 촉촉할 정도로만 흡수한다. 트레이의 배양액이 바닥나지 않게 주의하고 1cm 깊이를 유지한다.

🌿 수경 채소밭에 적합한 배지 🌿
뿌리에 공기를 공급하는 역할

수경 채소밭에서는 흙을 사용하지 않고 배지를 통해
채소 뿌리에 공기를 공급한다.
자주 사용하는 대표적인 배지 재료를 소개한다.

질석

고온으로 구워 크기를 열 배 이상 불린 질석을 사용한다. 가볍고 통기성이 좋으며 수분을 머금으려는 성질이 있다.

▶ **Point**
수경 채소밭에서 가장 많이 사용하는 배지.

펄라이트

석영암을 분쇄하고 고온 처리해서 인공적으로 발포시킨 알갱이 모양의 원예 재료. '진주암'이라고도 한다.

▶ **Point**
모양이 예뻐서 실내에서 식물을 재배할 때 많이 사용한다. 하지만 녹조가 발생하면 눈에 확 띄기 때문에 빛을 완벽히 차단해 녹조 발생을 방지하는 게 좋다.

야자 섬유

천연 야자 껍질을 굳힌 재료다. 농축 성형되어 있지만 수분을 함유하면 열 배 이상 부풀어 오른다. 수경 채소밭에서는 질석과 섞어서 배지를 만든다.

▶ **Point**
질석과 섞은 배지는 치져서 잎이 많이 달린 채소나 열매가 열리는 채소를 재배하는 데 많이 사용한다.

● 혼합 배지 만들기 ●

1

야자 섬유의 원통형 덩어리 한 개에 물 1ℓ 정도를 붓고 불린다. 물을 조금씩 보충해주며 최대한 부풀린다.

▶ Point
벽돌 모양의 커다란 야자 섬유보다 열 개를 한 묶음으로 파는 작은 원통형 야자 섬유가 잘게 부술 수 있어서 편리하다.

2

부풀어 오른 야자 섬유를 모종삽으로 으깬다.

▶ Point
야자 섬유가 수분을 충분히 머금으면 원래 크기의 열 배 이상으로 부푼다. 으깨면 부피가 더 늘어난다.

3

으깬 야자 섬유를 용기의 절반에 차도록 모아 놓는다.

4

용기의 나머지 절반에 야자 섬유와 같은 양의 질석을 넣고 잘 섞는다.

▶ Point
야자 섬유와 질석이 반반씩 섞인 배지 완성.

자동 급수병 만들기
페트병을 효과적으로 활용하자!

수경 채소밭에 적당한 양의 배양액을
끊임없이 공급해주기만 하면 채소는 쑥쑥 자라요.
따로 신경 쓰지 않고도 배양액을 끊임없이 공급하려면 자동 급수병을 사용하세요.

1
페트병 가공하기
페트병 바닥과 접하는 옆면에 연필이 통과할 만한 크기의 원을 그리고 커터로 잘라서 구멍을 낸다.

▶ Point
페트병은 2ℓ든 500㎖든 상관없다. 페트병 용량이 크면 배양액을 자주 보충하지 않아도 되지만 공간을 많이 차지한다는 단점도 있다.

2
병 뒤집어서 배양액 넣기
자동 급수병의 뚜껑을 닫고 뒤집은 뒤 구멍으로 배양액을 주입한다.

▶ Point
재배 도중에 자동 급수병의 배양액이 다 떨어졌을 때에도 이와 같은 방법으로 보충한다.

3
수경재배 트레이에 세팅하기
2의 자동 급수병을 수경재배 트레이 구석에 세운다. 트레이 안의 배양액이 급수병 구멍 높이까지 차오르면 더이상 나오지 않는다.

▶ Point
자동 급수병을 임시 트레이에 세우고 구멍에서 배양액이 잘 흘러나오는지 확인한다. 만약 흐르지 않으면 구멍을 크게 뚫는다. 배양액이 급수병 구멍 높이까지 찼을 때 멈추는지도 확인한다.

🌿 방충망 보자기 만들기 🌿
세탁용품을 활용한다

잎채소를 재배할 때는 잎이 벌레에 먹히지 않도록 조심해야 해요.
수경 채소밭만의 독특한 방충망 보자기를 사용하면
거의 완벽하게 해충을 막을 수 있어요.

1

재료 준비하기
세탁물 자루, 세탁망을 준비한다.

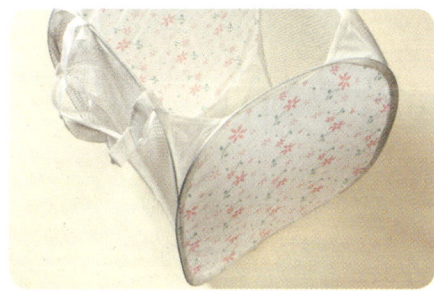

▶ Point
세탁물 자루를 고른 뒤 그 세탁물 자루를 감쌀 만큼 더 큰 세탁망을 준비한다. 원통 모양의 이불용 세탁망으로 준비하는 게 좋다.

2

세탁물 자루 가공하기
세탁물 자루의 손잡이 끈, 바닥면, 옆면을 사진처럼 잘라낸다.

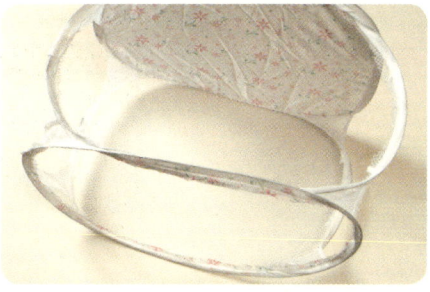

▶ Point
철사 뼈대에서 너비 3cm 정도 천을 남기는 것이 중요하다. 그렇지 않으면 철사가 모양을 잡지 못해 무너진다.

3

세탁망을 씌워서 완성
가공한 세탁물 자루에 세탁망을 씌운다. 수경재배 트레이를 넣고 빼는 쪽에 지퍼가 오도록 한다.

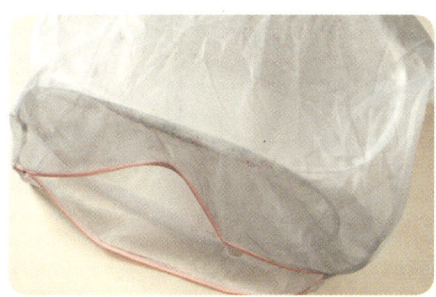

▶ Point
큰 사이즈 자루에는 B5 사이즈의 트레이 세 개를, 작은 사이즈에는 두 개를 넣을 수 있다.

재료의 기준량
배지와 배양액의 양

수경 채소밭을 만들 때에는
배지와 배양액의 기준량을 지키는 게 중요해요.
이 기준량만 잘 지킨다면 반드시 채소를 성장시킬 수 있어요.

● **수경재배 트레이를 사용할 때**

▶ 상자 + 거름망 + 채반
배지 깊이 5mm~1cm
배양액 배지의 표면이 촉촉해질 정도로

▶ 상자 + 채반 또는 상자만
배양액 깊이 1cm(여름철에는 하루, 겨울철에는 사흘 정도 유지할 수 있는 양)

● **씨앗을 직접 뿌릴 때**

▶ 티백으로 만든 재배백
배지 깊이 3cm 정도의 양, 콩류를 심을 때에는 깊이 4cm 정도
※ 씨앗을 심고 나서 그 위에 배지 재료를 솔솔 흩뿌린다.

▶ 모종판(한 변이 3cm)
배지 깊이 2cm 정도의 양
※ 씨앗을 심고 나서 그 위에 배지 재료를 솔솔 흩뿌린다.

● **모종이 발아한 스펀지를 심을 때**

▶ 플라스틱 컵 홀더
배지 스펀지와 컵 사이를 채울 만한 정도

● **모종째 옮겨심을 때**

▶ 수경재배 화분
배지 1. 처음에는 깊이 1cm
2. 모종을 놓은 다음 모종과 화분 사이를 채울 만한 정도의 양
3. 마지막에는 뿌리가 가려질 정도의 양

▶ 티백으로 만든 재배백
배지 1. 처음에는 작은 스푼 하나 분량
2. 스펀지를 놓은 다음 모종과 재배 백 사이를 채울 만한 정도의 양

채소 선생님 후둥이의 꼼꼼 체크 1
수경 채소밭 도구 세팅

우리나라에서 쉽게 구입할 수 있는 수경 채소밭 도구 구입 노하우를 소개할게요.
주변에서 흔히 볼 수 있는 오프라인 1,000원 숍과
몇 군데 온라인 숍을 적절히 활용해요.

● 구입하기 쉬운 도구

배지
필라이트와 질석은 웬만한 국내 온·오프라인 숍에서 쉽게 구할 수 있다. 몇 년 전 실내 재배용으로 개발된 코코넛 배양토 역시 일반 배양토와 달리 물을 많이 줘도 식물 뿌리가 썩지 않기 때문에 수경 채소밭용 배지로 적합하다.

거름망
앞에서 소개한 방충망이나 세탁망을 리폼한 보자기도 좋은 거름망이 되지만 시중에서 쉽게 구입할 수 있는 배수구 망을 사용해도 괜찮다. 넓고 깊이가 낮은 수경재배 트레이보다 작은 화분용 거름망으로 잘 어울린다.

액체비료
우리나라에서 수경 채소밭 양액으로 가장 많이 사용하는 제품은 대유물푸레 A액, B액이다. 사용 방법은 p.13 참고.

● 국내재배 도구, 여기에서 사세요 ●

다이소·다이소몰
▶ www.daisomall.co.kr

다양한 품종의 잎채소, 뿌리채소, 열매채소의 씨앗 가격이 거의 1,000원이다. 수경재배 트레이를 만들 때 필요한 상자나 채반, 배지 등도 저렴하게 구입할 수 있어 유용하다. 오프라인 매장도 곳곳에 있고 온라인 구매도 가능해 접근성이 가장 좋다.

아람원예종묘
▶ www.aramseed.co.kr

씨앗 외에 다양한 모종을 구입할 수 있고 오프라인 매장은 서울 종로5가 종묘상에 위치한다. 오프라인에서 구입할 경우 병충해를 해결하는 친환경 약제, 재배 방법 등의 팁을 제공받을 수 있다.

세경지렁이농장
▶ www.skworm.co.kr

경남 진해에 위치한 농장으로 화학비료가 아닌 유기농 퇴비를 판매한다. 지렁이가 배설한 분변토와 씨앗, 흙, 가정용 지렁이 등을 구입할 수 있으며 환경을 살리며 채소를 기를 수 있는 방법도 소개한다. 젊은 신혼부부가 소개하는 텃밭 가꾸기 노하우는 읽는 재미가 쏠쏠하다.

Part 2

수경 채소밭에서 쑥쑥 자라는 잎채소

수경 채소밭에서 자라는 채소는 발아부터 수확까지의 기간이 짧은 편이에요. 실내에서 재배할 수 있다는 점 또한 매력적이죠. 특히 겨울철에는 차가운 바깥바람을 쐬지 않기 때문에 빠르고 크게 성장한답니다.

청경채

청경채는 작지만
둥그스름한 밑동만큼은 두툼하고 알차요.
익히면 푸근한 맛이 일품이에요.

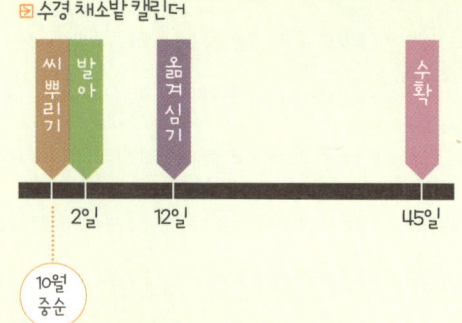

수경 채소밭 캘린더

씨 뿌리기 — 발아(2일) — 옮겨심기(12일) — 수확(45일)

10월 중순

● 씨 뿌리는 시기

중간지 ▶ 3월 상순~11월 상순
한랭지 ▶ 3월 중순~10월 중순
온난지 ▶ 3월 상순~11월 상순

● 수경재배 트레이로 키우기 ●

1

수경재배 트레이에 세팅하기

《씨앗 뿌리는 방법》(p.10~11)으로 발아시키고 《채소밭을 가꾸는 기초 노하우》(p.12~15)로 모종을 수경재배 트레이에 세팅한다.

▶ **Point**
배지는 펄라이트를 사용.

2

즐거운 마음으로 수확하기

세팅 후 10일 정도 지나면 플라스틱 컵 홀더 위로 잎이 삐져나온다. 배양액이 떨어지지 않도록 주의하며 수확을 기다린다.

● 씨앗 뿌려 재배하기 ●

1

씨앗을 직접 뿌리는 방법

한 변이 3cm인 작은 모종판의 바닥과 옆면에 조그만 구멍을 여러 개 뚫고 질석을 가득 넣은 후 씨앗을 뿌린다.

▶ Point
화분 하나당 씨 3~4알을 뿌리는 것이 좋다. 씨앗을 다 뿌리면 그 위에 질석을 솔솔 흩뿌린다.

2

옮겨심을 준비

모종이 자라서 잎이 빽빽해지면 옮겨심을 준비를 한다. 화분 하나당 한 포기만 자라도록 솎아내고 모종판을 낱개로 잘라낸다.

3

수경재배 트레이에 세팅

모종판의 가장자리를 다듬은 후 바닥을 도려낸 플라스틱 컵을 홀더로 사용해 수경재배 트레이에 놓고 배양액을 붓는다.

4

드디어 수확

배양액이 떨어지지 않도록 주의하며 수확을 기다린다. 수경재배 트레이에 세팅한 후 한 달에서 한 달 반이 지나면 수확할 수 있다.

▶ Point
밑동이 두툼해지면 수확하기에 가장 좋은 시기가 된 것이다. 잎끝이 갈색이 되기 전에 수확한다.

쑥갓

냄비나 전골 요리에 빠질 수 없는 쑥갓은 식탁에 자주 오르는 채소 중 하나예요. 재배 가능한 두 가지 방법을 소개합니다.

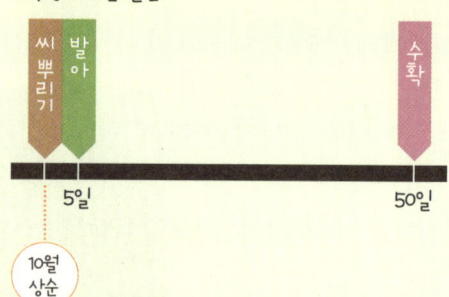

▶ 수경 채소밭 캘린더

씨뿌리기 / 발아 — 5일 / 수확 — 50일
10월 상순

● 씨 뿌리는 시기

중간지 ▶ 3월 상순~10월 중순
한랭지 ▶ 4월 중순~8월 하순
온난지 ▶ 3월 상순~10월 중순

1

발아를 기다린다 ①

상자에 채반을 겹쳐 놓고 그 위에 거름망을 넓게 편 후 질석을 두께 1cm로 깐다. 그 위에 씨앗을 뿌린 다음 질석을 흩뿌린다.

▶ **Point**
씨앗을 뿌리고 나서 채반 옆 부분을 약간 들어 올려 상자에 수돗물을 붓는다. 발아 전 단계이기 때문에 화학성 배양액은 적합하지 않다. 질석 표면이 촉촉해질 정도가 적당하다.

발아를 기다린다 ②

티백으로 재배 백(p.16)을 만들고 사방 6cm 모종판에 넣는다. 질석을 깊이 2cm씩 넣고 씨앗을 3~4개씩 뿌린다.

▶ **Point**
모종판 바닥의 네 귀퉁이에 작은 구멍을 뚫고 재배 백을 넣는다. 모종판을 수경재배 트레이에 늘어놓고 ①과 같이 수돗물을 붓는다.

2
배양액 제공하기

본잎이 사진만큼 자라면 상자에 남아 있는 수돗물을 버리고 배양액으로 바꾼다. ①과 ② 모두 같은 방법을 택한다.

3
성장 지켜보기

①과 ② 모두 비슷한 속도로 자란다. 옮겨심기를 하지 않으므로 배양액이 떨어지지 않도록 더욱 신경쓴다.

4
잎이 자라는지 확인하기

잎이 쑥갓다운 모양으로 자라는 데는 씨앗을 뿌리고 30일 정도가 소요된다.

▶ Point
①과 ② 모두 비슷하게 자라는 것을 확인할 수 있다.

5
수확의 기쁨

잎이 사진처럼 커지면 수확한다.

▶ Point
상추와 마찬가지로 바깥쪽 잎부터 따면 한 달 정도 꾸준히 수확할 수 있다.

갓

소금으로 절이면 맛있는 볶음밥 재료로 사용할 수 있어요. 수경 채소밭에서 수확한 싱싱한 갓은 김장철 재료로도 손색이 없답니다.

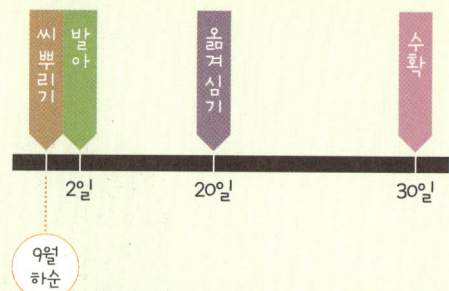

수경 채소밭 캘린더

씨뿌리기 / 발아 2일 / 옮겨심기 20일 / 수확 30일

9월 하순

● **씨 뿌리는 시기**
- 중간지 ▶ 8월 하순~10월 중순
- 한랭지 ▶ 7월 하순~9월 상순
- 온난지 ▶ 9월 중순~12월 중순

1

기본적인 방법으로 씨 뿌리기

《씨앗 뿌리는 방법》(p.10~11)으로 발아시키고 본잎이 충분히 자라면 옮겨심을 준비를 한다.

▶ **Point**
사진처럼 발아한다.

2

모종 옮겨심기

모종을 스펀지째 재배 백(p.16)에 옮겨심는다. 티백에 모종 스펀지를 담고 스펀지 주변에 질석을 채워 넣는다.

▶ **Point**
상자에 채반을 겹쳐 놓고 그 위에 거름망을 넓게 편 다음 질석을 두께 1cm로 깐다. 여기에 티백을 늘어놓고 질석 표면이 촉촉해질 정도로 배양액을 붓는다.

3

커다란 홀더 준비

커다란 플라스틱 컵 바닥에 유성 펜으로 반원을 두 개, 옆면에는 지름 1cm 크기의 타원을 두 개 그리고 커터로 잘라낸다.

▶ Point
크게 자라는 채소이기 때문에 홀더도 처음부터 큰 것을 준비한다.

4

배지 준비하기

사방 5cm의 정사각형 모양으로 거름망을 자르고 홀더 바닥에 깐다. 이 위에 질석 배지를 2작은 스푼 분량만큼 넣는다.

 Point
약간의 질석을 넣음으로써 뿌리에 산소를 원활하게 공급할 수 있다.

5

홀더에 옮겨심기

모종이 자라는 티백을 완성된 홀더에 넣고 질석이 깔린 수경재배 트레이에 늘어놓는다.

6

성장 지켜보기

하루가 다르게 잎이 넓어지면서 쑥쑥 자라면 머지않아 수확할 수 있다.

▶ Point
잎이 자랄수록 배양액을 왕성하게 흡수하므로 배양액이 떨어지지 않도록 주의한다.

물냉이

샐러드뿐 아니라 수프를 끓일 때도 간편하게 사용할 수 있는 산뜻한 매운맛의 채소예요. 물냉이 기르는 요령을 배워보세요.

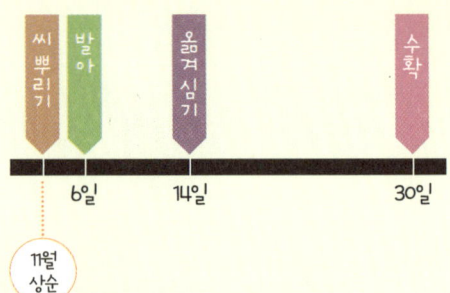

수경 채소밭 캘린더
- 씨뿌리기: 11월 상순
- 발아: 6일
- 옮겨심기: 14일
- 수확: 30일

● 씨 뿌리는 시기
- 중간지 ▷ 2월 하순 ~ 11월 상순
- 한랭지 ▷ 3월 상순 ~ 10월 중순
- 온난지 ▷ 2월 중순 ~ 11월 하순

1

수경재배 트레이에 옮겨심기

《씨앗 뿌리는 방법》(p.10~11)으로 발아시킨 모종을 대형 티백에 두 포기씩 옮겨심는다. 티백과 모종 스펀지 사이에 질석을 넣는다.

▶ Point

대형 티백으로 재배 백을 만드는 방법은 보통 크기의 티백으로 재배 백을 만드는 방법(p.16)과 똑같다. 배양액이 담긴 상자에 채반을 겹치고 질석을 깔지 않은 채 그대로 티백을 세팅한다.

2

성장 상태에 따라 상자를 바꾸기

물냉이는 순에서 뿌리가 뻗어 나와 옆으로 길게 퍼지는 채소다. 성장하면서 잎이 점점 늘어나면 더 큰 상자로 바꾼다.

▶ Point

채반보다 훨씬 큰 상자를 사용해야 좋다.

루콜라

파스타, 피자 등 이탈리아 요리를 만들 때 꼭 필요한 잎채소. 수경 채소밭에서 잔뜩 수확해 마음껏 요리에 활용해요.

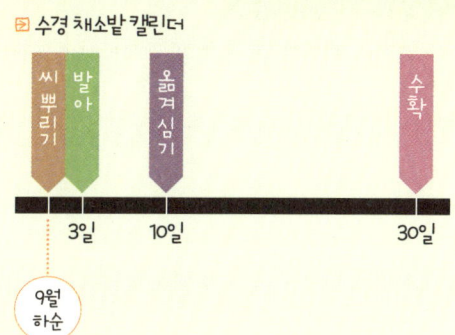

수경 채소밭 캘린더

씨뿌리기 — 발아 3일 — 옮겨심기 10일 — 수확 30일

9월 하순

● 씨 뿌리는 시기
- 중간지 ▶ 4월 상순 ~ 7월 중순 / 9월 상순 ~ 10월 중순
- 한랭지 ▶ 5월 중순 ~ 9월 중순
- 온난지 ▶ 3월 중순 ~ 6월 하순 / 9월 중순 ~ 11월 상순

1

재배 백에 옮겨심기

《씨앗 뿌리는 방법》(p.10~11)으로 발아시킨 모종을 스펀지째 재배 백(p.16) 안에 담고 펄라이트를 채워 트레이에 세팅한다.

▶ Point

한 포기에서 나오는 잎이 많지 않으므로 스펀지 하나에 씨앗을 세 개씩 심는다. 수경재배 트레이에 배양액을 1cm 깊이로 붓고 티백을 직접 올린다.

2

성장 지켜보기

사진만큼 성장하면 루콜라 특유의 참깨 향기가 난다. 배양액이 떨어지지 않도록 주의하면서 수확을 기다린다.

▶ Point

잎이나 줄기에 적색이 돌기 시작하면 매운맛이 나서 먹기 거북할 수 있으니 수확 시기를 잘 맞춘다.

바질

페스토 소스, 마르게리타 피자 등 바질이 반드시 들어가는 음식이 정말 많아요. 수경 채소밭에서는 바질이 쑥쑥 자랄 뿐 아니라 오랜 기간 수확할 수 있어요.

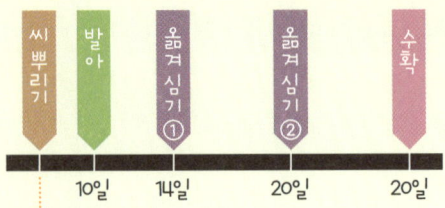

▶ 수경 채소밭 캘린더

씨뿌리기 — 발아 — 옮겨심기① — 옮겨심기② — 수확
         10일   14일   20일   20일

2월 하순

✿ 표준적인 씨 뿌리기 시기보다 훨씬 일찍부터 씨앗을 뿌릴 수 있다.

● 씨 뿌리는 시기
- 중간지 ▶ 4월 중순 ~ 6월 하순
- 한랭지 ▶ 5월 상순 ~ 6월 하순
- 온난지 ▶ 3월 하순 ~ 6월 하순

1

첫 번째 옮겨심기

티백에 1작은 스푼의 질석을 넣고 《씨앗 뿌리는 방법》(p.10~11)으로 발아시킨 모종 스펀지를 담는다. 여기에 질석을 더 채운다.

▶ Point

상추류에 비하면 발아하기까지 시간이 더 걸리지만 걱정할 필요는 없다. 모종을 옮겨심은 티백은 질석을 깔지 않은 채반에 늘어놓는다. 채반은 배양액이 담긴 상자에 올려놓는다.

2

두 번째 옮겨심기

잎이 사진만큼 자라면 재배 백보다 큰 화분에 옮겨심을 준비를 시작한다. 질석과 야자 섬유를 섞어서(p.21) 배지를 만든다.

▶ Point

채반에 거름망을 펼쳐 놓고 배지를 깊이 1cm로 깔아서 수경 재배 트레이를 만들어둔다.

3

꼼꼼히 옮겨심는 작업
위 사진처럼 모종이 자란 재배 백을 스펀지 높이에서 자르고 한 변이 8cm인 화분에 옮겨심는다.

▶ Point
화분 바닥에 두께 5mm로 배지를 깔고 그 위에 모종이 담긴 티백을 둔다. 티백과 화분 사이에 배지를 더 넣는다.

4

수경재배 트레이에 세팅하기
수경재배 트레이에 채반을 겹치고 거름망을 펼친 뒤 2의 배지를 두께 1cm로 간다. 그 위에 재배 화분을 늘어놓는다.

5

버팀목 세우기
바질 잎의 밑동 근처에 꼬치를 하나씩 세워 버팀목으로 삼는다. 잎과 잎 사이를 통과하도록 세우면 된다.

▶ Point
화분에 옮겨심은 후에는 성장이 빨라져서 배양액을 왕성하게 흡수하므로 배양액이 떨어지지 않도록 주의한다.

6

드디어 수확
두 번째 옮겨심기를 한 후 20일이 지나면 사진만큼 성장한다.

▶ Point
실내에서도 잘 자란다. 쑥쑥 자라서 길이 70cm에 달한다.

고수

영어로는 코리앤더(coriander),
중국어로는 샨차이라 부르며
베트남 요리에 많이 쓰여요.
집에서 갓 수확한 고수를 맛보세요.

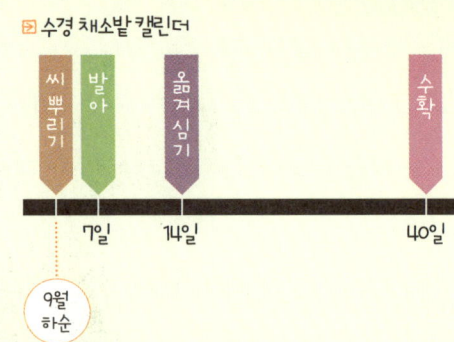

▶ 수경 채소밭 캘린더

씨뿌리기 → 발아(7일) → 옮겨심기(14일) → 수확(40일)

9월 하순

● 씨 뿌리는 시기

중간지 ▶ 4월 중순 ~ 8월 하순
         9월 중순 ~ 10월 중순
한랭지 ▶ 5월 중순 ~ 8월 중순
온난지 ▶ 4월 중순 ~ 8월 하순
         9월 중순 ~ 10월 중순

1

재배 백에 옮겨심기

《씨앗 뿌리는 방법》(p.10~11)으로 발아시킨 모종을 스펀지째 두 포기씩 대형 티백에 넣고 펄라이트를 채워 트레이에 세팅한다.

▶ **Point**
수경재배 트레이에 배양액을 1cm 깊이로 붓고 티백을 그 위에 직접 놓는다.

2

성장 지켜보기

사진만큼 성장하면 요리할 때 향신료로 사용할 수 있다. 배양액을 보충하면서 한 줄기씩 수확하는 것도 즐겁다.

▶ **Point**
뿌리가 펄라이트 속에서도 튼튼히 뻗는다.

부추

일본 음식에서도 많이 볼 수 있고
우리나라 찌개나 전을 만들 때도 귀중한 재료인 부추.
영양 만점 부추를 직접 길러 자주 맛보세요.

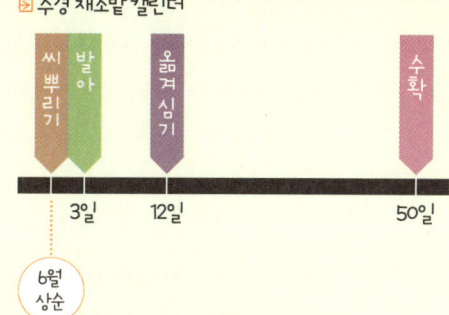

▶ 수경 채소밭 캘린더

씨뿌리기 — 3일 — 발아 — 12일 — 옮겨심기 — 50일 — 수확

6월 상순

● 씨 뿌리는 시기

중간지 ▶ 3월 중순~6월 상순
         9월 중순~10월 상순

한랭지 ▶ 3월 중순~6월 상순
         9월 중순~10월 상순

온난지 ▶ 3월 중순~6월 상순
         9월 중순~10월 상순

1

수경재배 트레이에 옮겨심기

《씨앗 뿌리는 방법》(p.10~11)으로 발아시킨 모종을 거름망과 질석을 깐 트레이에 옮겨심고 스펀지를 9개씩 놓는다.

▶ Point
페트병의 몸통을 반으로 자르고 바닥 부분과 주둥이를 제거해 홀더를 만들어 모종에 씌운다. 모종 스펀지가 가려질 때까지 질석을 채운다.

2

성장 지켜보기

채반 위의 질석 표면이 촉촉해질 정도로 배양액의 양을 유지하고 성장을 지켜본다.

▶ Point
옮겨심은 직후의 잎은 가늘지만 성장할수록 점점 굵어진다.

쪽마늘

마늘을 좋아하는 사람이라면 꼭 한번 가꿔보세요.
수경 채소밭에서는 한 달에 세 번
수확할 수 있을 만큼 마늘의 성장이 빨라요.

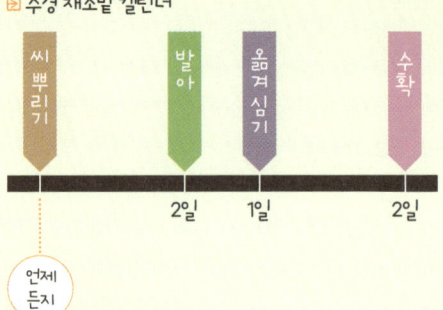
수경 채소밭 캘린더

- 씨 뿌리기 — 언제든지
- 발아 — 2일
- 옮겨심기 — 1일
- 수확 — 2일

● **씨 뿌리는 시기**

중간지	▶ 1년 내내
한랭지	▶ 1년 내내
온난지	▶ 1년 내내

1

씨로 사용할 마늘 준비

흔히 볼 수 있는 통마늘의 껍질을 깐다. 뿌리가 나오는 부분에 꼬치를 꽂으면 통마늘을 쉽게 나눌 수 있다.

▶ **Point**

꼭 재배용 통마늘이 아니라 가게에서 파는 통마늘을 사용해도 된다. 국산이든 외국산이든 상관없다.

2

발아 촉진

적당한 크기의 용기에 마늘을 넣고 물에 적신 화장지를 덮는다.

▶ **Point**

이틀 지나면 커다란 녹색 싹이 돋아난다. 이전에 구입해서 보관하던 중 저절로 싹이 튼 마늘을 사용해도 좋다.

3
미끈거리는 점액 떼어내기
마늘을 채반에 넣고 물로 살짝 씻어서 점액을 떼어낸다.

4
구멍에 옮겨심기
깊이 3cm 정도의 상자에 펄라이트를 넣고 젓가락으로 구멍을 뚫어 싹이 튼 마늘을 심는다. 다 심으면 수돗물을 살며시 붓는다.

▶ Point
마늘을 심을 때 싹 방향이 제각각이라도 괜찮다. 펄라이트 표면까지 수돗물만 충분히 부어주면 잘 자란다.

5
일찌감치 수확하기
마늘은 성장이 빨라 단 이틀 만에 10cm로 자란다. 사진만큼 자랐을 때 밑동 부분의 줄기를 잘라 수확한다.

▶ Point
옮겨심고 하루가 지나면 휘었던 싹이 똑바로 서서 자란다.

6
부지런히 수확하기
하루만 지나도 다시 쑥 자란다. 수확하자마자 다시 새로운 씨앗을 심으면 한 달에 세 번도 수확이 가능하다.

▶ Point
하루걸러 발아시키면 거의 매일 수확할 수 있다.

쪽파

수경 채소밭에서 기른 쪽파는
맛이 뛰어날 뿐 아니라
색깔도 파릇파릇 예뻐요.

▶ 수경 채소밭 캘린더

씨뿌리기 — 발아 — 옮겨심기 — 수확
　　　　　4일　7일　　　　　40일

3월 상순

● 씨 뿌리는 시기
- 중간지 ▶ 1년 내내
- 한랭지 ▶ 4월 상순~5월 하순
- 온난지 ▶ 1년 내내

1

재배 백에 씨 뿌리기

티백으로 재배 백(p.16)을 만든 뒤 여기에 질석을 넣고 씨앗을 뿌린다. 이대로 상자에 늘어놓고 차례로 수돗물을 뿌린다.

▶ Point
씨앗은 재배 백 하나에 10알 정도 뿌린다. 질석 표면이 촉촉해질 정도로 수돗물을 뿌린다.

2

수경재배 트레이에 옮겨심기

10cm 정도로 자라면 수경재배 트레이에 옮겨심고 채반에 늘어놓는다. 빛을 가리기 위해 티백을 알루미늄 포일로 감싼다.

▶ Point
채반에 늘어놓는 이유는 뿌리에 산소가 잘 공급되도록 하기 위함이다. 이 단계부터는 배양액으로 기른다. 채반의 윗면이 덮일 정도로 배양액의 양을 유지한다.

3

성장 지켜보기
배양액이 떨어지지 않도록 주의하면서 쭉쭉 자라나는 쪽파를 지켜본다.

4

투명 봉투로 홀더 만들기
잎이 자라 휘어지면 투명 봉투(폴리프로필렌처럼 빳빳한 재질로 된 것)의 위아래를 잘라 티백째 덮어 홀더를 만든다.

▶ Point
홀더 없이 기르면 사진처럼 잎들이 서로 얽혀 잘 자라지 못한다.

5

드디어 수확
조금씩 다듬으며 두 달 가까이 보내면 적당한 길이로 자라 수확이 가능하다. 잎끝이 갈색으로 변하기 전에 먹어야 한다.

6

수확의 기쁨 누리기
투명 봉투로 홀더를 만들어 기르면 신문지 정도의 길이로 쑥쑥 자란다.

▶ Point
옮겨심을 때 알루미늄 포일을 감싸 놓은 덕분에 녹조가 거의 달라붙지 않았다.

잔주름상추

갓 따낸 잔주름상추로 샐러드를 만들어 먹겠다는
원대한 꿈. 수경 채소밭이라면 얼마든지 가능해요.
《채소밭을 가꾸는 기초 노하우》를 토대로
큰 실수 없이 잔주름상추를 길러요.

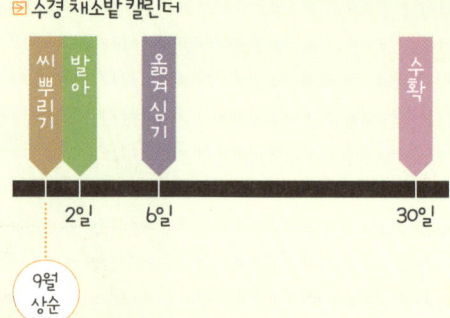

▶ 수경 채소밭 캘린더

씨뿌리기 — 발아 2일 — 옮겨심기 6일 — 수확 30일

9월 상순

● 씨 뿌리는 시기

중간지 ▶ 2월 상순~4월 상순
　　　　 8월 하순~9월 상순
한랭지 ▶ 3월 상순~5월 상순
온난지 ▶ 1월 중순~3월 상순
　　　　 9월 상순~9월 하순

1

옮겨심기 준비

《씨앗 뿌리는 방법》(p.10~11)으로 발아시켜서 본잎이 나오기 시작하면 옮겨심을 준비를 한다.

▶ Point

본잎이 자라면서 뿌리도 스펀지 밖으로 나오게 된다. 이때 뿌리가 상하지 않도록 조심하며 옮겨심는다.

2

수경재배 트레이 만들기

《채소밭을 가꾸는 기초 노하우》(p.12~15)를 참고해 수경재배 트레이를 준비한 후 질석을 깔고 배양액을 살며시 붓는다.

▶ Point

배양액의 양은 질석 표면이 흥건해질 정도면 적당하다. 너무 많이 부으면 오히려 증발이 잘 일어나므로 주의한다.

3

스펀지 세팅하기

《채소밭을 가꾸는 기초 노하우》 (p.12~15)처럼 발아한 스펀지를 플라스틱 컵에 담고 스펀지 주변에 질석을 넣는다.

▶ Point

질석의 양은 스펀지를 살짝 가릴 정도가 적당하다.

4

수경 채소밭 완성

3의 플라스틱 컵을 수경재배 트레이에 늘어놓고 플라스틱 컵 사이 질석 표면을 알루미늄 포일로 덮어 녹조 발생을 막는다.

▶ Point

수경재배 트레이에 플라스틱 컵을 놓을 때는 바닥 아래로 나온 스펀지가 위로 밀려 올라가지 않도록 살며시 놓는다.

5

성장 지켜보기

수경 채소밭에서 잔주름상추가 쑥쑥 자라도록 배양액을 잘 관찰한다. 배양액이 떨어지면 바로 보충한다.

▶ Point

배양액의 양이 너무 많으면 뿌리에 산소가 잘 공급되지 않으므로 질석 표면이 촉촉해질 정도로만 유지한다.

6

드디어 수확

잎이 충분히 자라면 드디어 수확. 한 포기씩 따지 말고 바깥쪽 잎부터 먹을 만큼만 수확한다.

▶ Point

바깥쪽 잎을 따도 안쪽 잎은 계속 성장한다. 한 달 정도 꾸준히 수확할 수 있다.

● 실내에서도 잘 자란다 ●

1

햇빛이 잘 드는 창가에 《채소밭을 가꾸는 기초 노하우》(p.12~15)로 만든 수경재배 트레이를 둔다.

▶ Point
유리창 너머로 들어오는 햇빛을 쬐게 해도 괜찮다. 오전 중 햇빛이 가장 잘 드는 곳에 둔다.

2

실내라도 햇빛이 잘 드는 곳은 배양액이 빠르게 증발하기 때문에 배양액이 모자라지 않도록 체크한다.

3

실내에서는 식물이 실외보다 더 빠르게 성장한다. 사진만큼 자라면 슬슬 수확할 시기다.

▶ Point
실외에서 재배했을 때와 마찬가지로 바깥쪽 잎부터 딸 수 있다.

4

미처 수확하지 못해 너무 크게 성장하면 수경재배 트레이째 커다란 비닐봉지에 넣어서 기른다.

▶ Point
비닐봉지 옆면을 똑바로 세우면 커다란 홀더가 된다.

적상추

잎끝이 붉게 물드는 적상추를
녹색 상추와 섞으면 우리 집 샐러드가
한층 풍성하고 화려해져요.
수경 채소밭에서는 적상추가 쑥쑥 잘 자라요.

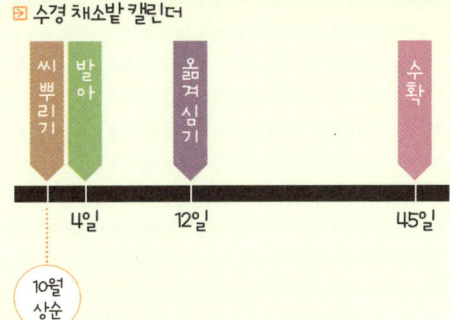

수경 채소밭 캘린더
씨뿌리기 — 4일 / 발아 — 12일 / 옮겨심기 — 45일 / 수확
10월 상순

● 씨 뿌리는 시기

중간지 ▶ 2월 하순~3월 하순
       9월 상순~10월 상순

한랭지 ▶ 3월 중순~3월 하순
       8월 중순~9월 상순

온난지 ▶ 1월 상순~2월 중순
       9월 하순~11월 중순

1

수경재배 트레이에 세팅

《씨앗 뿌리는 방법》(p.10~11)으로 발아시키고《채소밭을 가꾸는 기초 노하우》(p.12~15)로 모종을 수경재배 트레이에 세팅한다.

▶ Point
수경재배 트레이에 세팅하면 곧바로 방충망 보자기(p.23)를 씌운다. 잎채소는 조금만 방심하면 겨울철에도 벌레에 먹힐 수 있다.

2

잎의 성장 지켜보기

잎이 어느 정도 자라면 잎끝이 물들기 시작한다. 배양액이 떨어지지 않도록 주의하면서 차분히 지켜본다.

▶ Point
옮겨심고 나서 한 달이 지나면 점점 붉게 물든다. 햇빛을 넉넉히 받을수록 붉은 빛이 진해진다.

프린지 그린

잎끝이 마치 프릴처럼 주름진 신종 상추.
드레싱이 골고루 입혀져
일품 샐러드를 완성할 수 있어요.

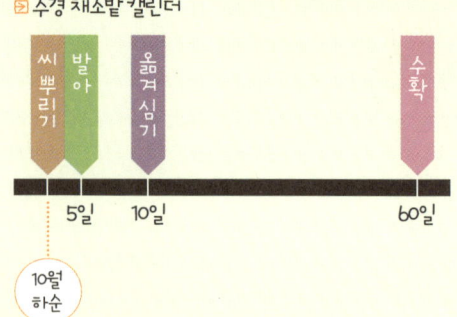

● 씨 뿌리는 시기

중간지 ▶ 2월 하순~5월 상순
          9월 상순~10월 하순
한랭지 ▶ 2월 하순~5월 상순
          9월 상순~10월 하순
온난지 ▶ 2월 하순~5월 상순
          9월 상순~10월 하순

1

재배 백에 씨 뿌리기

티백으로 만든 재배 백(p.16)에 펄라이트를 약 3cm 깊이로 담고 씨앗을 뿌린다. 한 팩당 씨앗 3~4알을 뿌리는 것이 적당하다.

▶ Point

씨앗을 뿌리기 전에 수경재배 트레이 채반 옆면으로 수돗물을 부어 펄라이트를 적셔둔다.

2

홀더에 세팅하기

사진만큼 자라면 재배 백 전용 홀더를 만들고(p.17) 을 티백째 넣는다.

▶ Point

티백의 네 귀퉁이를 홀더 아래쪽 구멍으로 확실히 내놓은 다음 빛을 차단하는 알루미늄 포일로 주변을 감싼다.

3 수경재배 트레이 준비하기

채반에 거름망을 깔고 질석을 두께 1cm 정도로 평평하게 넣는다.

▶ Point
《채소밭을 가꾸는 기초 노하우》(p.12~15)처럼 수경재배 트레이의 옆쪽으로 배양액을 붓는다.

4 수경재배 트레이 완성

질석 위에 플라스틱 컵 홀더를 늘어놓는다. 늘어놓은 홀더 사이에 차광용 알루미늄 포일을 깐다.

5 배양액 관리

수경재배 트레이에 배양액이 너무 많으면 성장이 늦어지므로 질석 표면이 촉촉할 정도로만 배양액을 유지한다.

▶ Point
채반을 약간 들어 올려서 배양액의 수위를 그때그때 확인한다.

6 성장 지켜보기

배양액이 떨어지지 않도록 주의하면서 수확할 때를 기다린다.

가든 레티스 믹스

형형색색의 상추가
다섯 종 정도 섞인 씨앗을 재배해요.
새싹 상태로도 따서 먹을 수 있어요.

▶ 수경 채소밭 캘린더

씨뿌리기 — 발아 (5일) — 옮겨심기 (20일) — 수확 (40일)

12월 중순

● 씨 뿌리는 시기

중간지 ▶ 2월 하순~5월 하순
　　　　 9월 상순~1월 하순

한랭지 ▶ 2월 하순~5월 하순
　　　　 9월 상순~1월 하순

온난지 ▶ 2월 하순~5월 하순
　　　　 9월 상순~1월 하순

1

옮겨심기 준비

《씨앗 뿌리는 방법》(p.10~11)으로 발아시켜 본잎이 사진만큼 자라면 옮겨심을 준비를 한다.

▶ Point
여름철은 씨앗을 뿌리기에 적당하지 않으며 봄, 가을이 알맞다. 겨울철에는 발아하고 성장하기까지 시간이 걸리므로 끈기 있게 기다려야 한다. 사진만큼 자라기 조금 전에 옮겨심는 것은 괜찮다.

2

수확 시작

《채소밭을 가꾸는 기초 노하우》(p.12~15)로 기른다. 사진만큼 잎이 커지면 수확할 수 있다.

▶ Point
새싹은 독특한 쓴맛이 나기 때문에 어린잎 상태로 수확할 때도 최소한 사진 정도의 크기로는 키워야 한다.

양상추

양배추처럼 잎이 둥글고 아삭아삭한 식감을 자랑하는 양상추도 수경 채소밭에서 재배가 가능해요. 시판하는 모종을 심어 바깥쪽 잎부터 잘라내면서 수확해요.

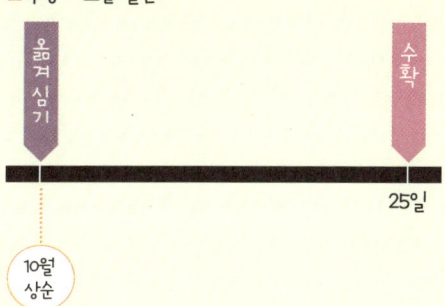

▶ 수경 채소밭 캘린더

옮겨심기 — 10월 상순
수확 — 25일

● 씨 뿌리는 시기

- 중간지 ▷ 2월 중순~3월 중순
  9월 하순~10월 하순
- 한랭지 ▷ 3월 상순~5월 상순
- 온난지 ▷ 2월 상순~3월 중순

1

수경재배 화분 만들기

《시판하는 모종을 기르는 방법》(p.18~19)으로 모종을 옮겨심은 뒤 3호(지름 9cm) 화분 옆면 아랫부분에 구멍을 뚫어 펄라이트를 깐다.

▶ Point

수경재배 화분 대신 지름 10cm 정도의 작은 채반에 거름망을 씌워 사용할 수도 있다.

2

수경재배 트레이에 세팅하기

상자에 배양액을 약 1cm 깊이로 넣고 수경재배 화분을 세팅한다. 배양액이 떨어지지 않도록 주의하면서 성장을 지켜본다.

▶ Point

옮겨심은 후 2주가 지나면 잎이 둥글게 속이 든다. 수확할 즈음에는 잎이 둥글게 안으로 말리며 맛있어진다.

반결구상추

부드러운 잎끝, 아삭한 밑동!
두 가지 식감을 즐길 수 있는 반결구상추를
길러보세요. 양상추와 비슷한 식감이지만
잎끝의 굴곡이 덜해 훨씬 부드러워요.

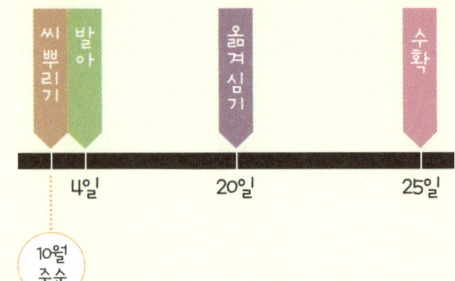

- **씨 뿌리는 시기**
  - 중간지 ▶ 2월 상순~5월 중순
    8월 중순~10월 하순
  - 한랭지 ▶ 3월 중순~6월 하순
    8월 상순~8월 하순
  - 온난지 ▶ 1월 중순~4월 하순
    8월 하순~10월 하순

1

재배 백에 씨 뿌리기

티백으로 만든 재배 백(p.16)에 질석을 넣고 한 팩당 씨 3~4알을 뿌린다.

▶ **Point**

티백에 씨앗을 다 뿌리면 수경재배 트레이 옆 부분으로 수돗물을 약 1cm 깊이로 넣는다. 잎이 3cm 정도 자라면 한 팩에 한 포기만 자라도록 솎아내고 플라스틱 컵 홀더에 재배 백을 세팅한다.

2

수경재배 트레이에 늘어놓는다

《채소밭을 가꾸는 기초 노하우》(p.12~15)대로 홀더를 수경재배 트레이에 늘어놓고 질석 표면이 촉촉할 정도로 배양액을 붓는다.

▶ **Point**

수경재배 트레이에 올려놓고 약 25일이 지나면 수확할 수 있다. 밑동은 속이 꽉 차고 잎은 크고 부드럽게 성장한다.

꽃상추

쌉싸래한 맛이 독특한 상추예요.
다른 상추와 섞어 샐러드를 만들면
톡톡 튀는 맛을 낼 수 있어요.
파스타 소스를 만들 때 넣어도 그만이에요.

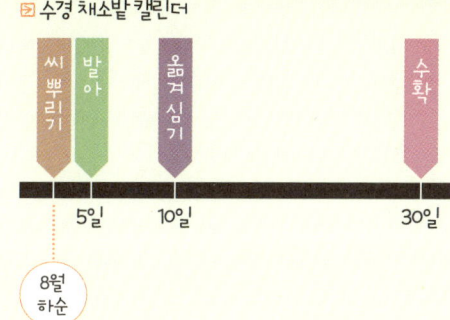

수경 채소밭 캘린더

씨 뿌리기 — 발아 (5일) — 옮겨심기 (10일) — 수확 (30일)

8월 하순

● 씨 뿌리는 시기

중간지 ▶ 3월 상순~4월 하순
        8월 상순~9월 상순
한랭지 ▶ 4월 하순~8월 상순
온난지 ▶ 2월 하순~4월 상순
        8월 중순~9월 중순

1
수경재배 트레이에 세팅하기

《씨앗 뿌리는 방법》(p.10~11)으로 발아시키고《채소밭을 가꾸는 기초 노하우》(p.12~15)로 모종을 수경재배 트레이에 세팅한다.

▶ Point
옆으로 길게 성장하는 채소이므로 사진처럼 플라스틱 컵 옆면에도 구멍을 뚫어 통기성을 좋게 한다. 통기성이 나쁘면 병충해가 발생할 수 있다.

2
드디어 수확

너무 크게 자라면 쓴맛이 강해지므로 다른 상추보다 조금 일찍 수확한다.

치마상추

불고기 쌈과 어울리는 잎채소.
집에서 직접 기르면
온 가족이 둘러앉아 마음껏 맛볼 정도로
풍성한 양을 수확할 수 있어요.

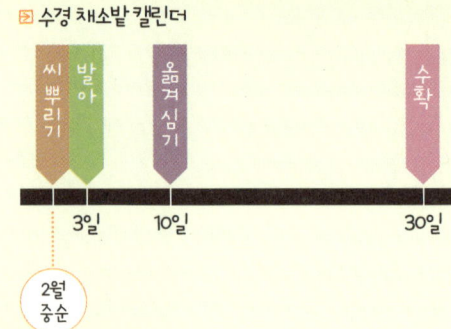

수경 채소밭 캘린더

씨뿌리기 — 발아 — 옮겨심기 — 수확
2월 중순 / 3일 / 10일 / 30일

● **씨 뿌리는 시기**

중간지	▶	2월 중순~5월 중순 8월 중순~9월 중순
한랭지	▶	3월 상순~7월 중순
온난지	▶	1월 하순~4월 하순 9월 상순~9월 하순

1

모종 옮겨심기 ①

《씨앗 뿌리는 방법》(p.10~11)으로 발아시키고 스펀지째 재배 백에 담은 뒤 그 안에 질석을 넣고 플라스틱 컵 홀더에 세팅한다.

▶ **Point**

수경재배 트레이 채반에 거름망을 펼쳐 놓고 질석을 두께 1cm 정도로 간다. 흥건해질 때까지 배양액을 부은 뒤 홀더를 늘어놓는다.

모종 옮겨심기 ②

요구르트 병 바닥에 구멍을 여러 개 뚫고 바닥에서 5mm 높이만큼 질석을 넣은 뒤 모종 스펀지를 세팅한다. ①과 마찬가지로 수경재배 트레이를 만들어서 요구르트 병을 늘어놓는다.

▶ **Point**

거름망을 사방 5cm의 정사각형 모양으로 자르고 요구르트 병 바닥에 댄 다음 고무줄로 묶어 고정한다. 요구르트 병 속을 깨끗이 닦아 활용한다.

054

모종 옮겨심기 ③

한 변이 3cm인 모종판에 발아한 스펀지를 담고 스펀지가 보이지 않을 때까지 배지를 넣는다. 모종판째 수경재배 트레이에 올려놓는다.

▶ Point
모종판에는 바닥 면에 네 군데 옆면에 한 군데 작은 구멍이 뚫려 있다. 배지는 야자 섬유와 질석을 섞어서 사용한다(p.21).

2

홀더 설치하기

성장이 시작되면 ②의 요구르트 병에서 잎이 쓰러지므로 바닥을 도려낸 플라스틱 컵을 홀더로 사용한다.

3

모종 다시 한번 옮겨심기

③의 모종이 성장하면 모종판을 하나씩 바닥을 도려낸 플라스틱 컵에 넣어 수경재배 트레이에 올려놓는다.

▶ Point
모종판의 가장자리를 미리 다듬어야 플라스틱 컵에 제대로 집어넣을 수 있다.

4

드디어 수확

세 가지 방법으로 기른 모종은 모두 같이 성장한다.

▶ Point
다른 상추와 마찬가지로 바깥쪽 잎부터 따면 한 달 정도 꾸준히 수확할 수 있다.

055

오키나와상추

상추의 일종으로 여름철에
매우 왕성한 생명력을 보이는 잎채소예요.
오키나와에서는 불로 익혀먹지만 어린잎으로
샐러드를 만들어 먹어도 굉장히 맛있어요.

● 씨 뿌리는 시기

- 중간지 ▷ 3월 상순~9월 중순
- 한랭지 ▷ 3월 중순~8월 상순
- 온난지 ▷ 2월 중순~10월 상순

▶ 수경 채소밭 캘린더

씨뿌리기 / 발아 / 옮겨심기 / 수확
5일 8일 50일
9월 상순

1

수경재배 트레이 만들기

발아한 씨앗을 스펀지째 재배 백 (p.16)에 담고 질석을 넣은 후 플라스틱 컵 홀더에 세팅해 수경재배 트레이에 늘어놓는다.

▶ Point

수경재배 트레이의 채반에 거름망을 펼쳐 놓고 질석을 두께 5mm~1cm 정도 깐다. 여기에 배양액을 흥건해질 때까지 부은 후 홀더를 늘어놓는다.

2

수확의 기쁨 누리기

바깥쪽 잎만 딴다 해도 한 포기에 20장 이상 수확할 수 있다. 밑동을 남겨 놓으면 잎이 또 금방 자라나므로 다음번에도 수확할 수 있다.

오그라기상추

일본 각지에는 오그라기상추를 이용한 다양한 향토 음식이 많아요. 샐러드에 싫증이 났다면 오그라기상추로 무침, 전 등을 만들어보세요.

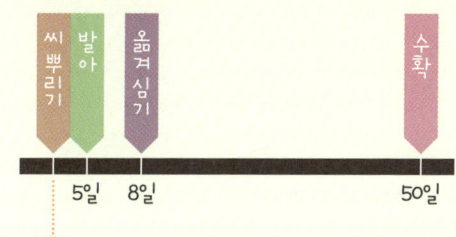

수경 채소밭 캘린더
씨뿌리기 – 발아(5일) – 옮겨심기(8일) – 수확(50일)
1월 중순

● 씨 뿌리는 시기
- 중간지 ▶ 1월 중순~4월 상순 / 8월 하순~9월 상순
- 한랭지 ▶ 3월 상순~5월 상순
- 온난지 ▶ 1월 상순~3월 상순 / 9월 상순~9월 하순

1

재배 백에 옮겨심기
발아한 씨앗을 스펀지째 재배 백(p.16)에 담고 질석 배지를 스펀지 높이까지 넣는다.

▶ **Point**
한 변이 5cm인 모종판을 낱개로 잘라낸 후 옆을 살짝 베어 가른다. 모종을 담은 재배 백을 모종판에 넣고 상자에 배양액을 1cm 깊이로 붓는다.

2

수확의 기쁨 누리기
바깥쪽 잎부터 따면 오랜 기간 수확할 수 있다는 점은 다른 상추와 같다.

아삭채

샐러드 외에도 다양한 조리가 가능한 채소.
아삭아삭한 식감과 싱그러운 향기는
수경 채소밭만의 자랑이에요.

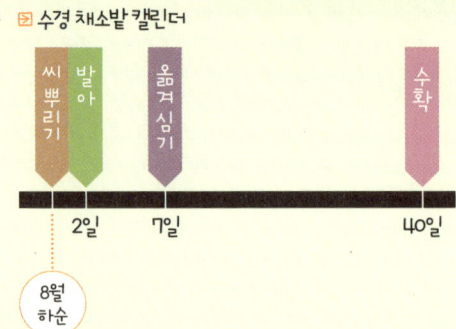

수경 채소밭 캘린더

씨뿌리기 — 발아 — 옮겨심기 — 수확
8월 하순 · 2일 · 7일 · 40일

● **씨 뿌리는 시기**
중간지 ▶ 3월 중순~10월 상순
한랭지 ▶ 4월 중순~9월 상순
온난지 ▶ 3월 중순~10월 상순

1

수경재배 트레이에 세팅하기
《씨앗 뿌리는 방법》(p.10~11)으로 발아시키고 《채소밭을 가꾸는 기초 노하우》(p.12~15)로 모종을 수경재배 트레이에 세팅한다.

▶ **Point**
본잎이 사진만큼 자라서 잎끝이 들쭉날쭉해지면 수경재배 트레이에 옮겨심는다.

2

수확 기다리기
배양액이 떨어지지 않도록 주의하면서 성장을 지켜본다.

▶ **Point**
아름다운 하얀 줄기가 곧게 뻗으면서 멋들어진 아삭채로 자란다.

임생채

교토 부근에서는 예전부터 미소시루의 건더기, 찜이나 볶음의 재료로 임생채를 많이 사용했다고 해요. 야삭채와 비슷하면서도 독특한 매운맛이 특징이에요.

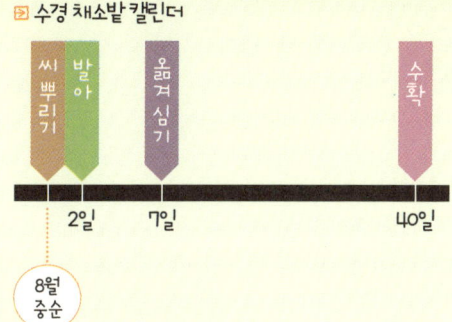

수경 채소밭 캘린더

씨뿌리기 – 2일 / 발아 – 7일 / 옮겨심기 / 수확 – 40일

8월 중순

● 씨 뿌리는 시기

- 중간지 ▷ 8월 중순~11월 상순
- 한랭지 ▷ 5월 상순~6월 중순
- 온난지 ▷ 8월 중순~11월 상순

1
수경재배 트레이에 세팅하기

《씨앗 뿌리는 방법》(p.10~11)으로 발아시킨 모종을 재배 백(p.16)에 담고 질석을 넣어 배지를 만든다.

▶ Point
질석은 1작은 스푼 분량이면 적당하다. 씨앗을 뿌린 스펀지와 티백 사이에 채워 넣는다.

2
홀더에 세팅하기

네 개가 이어진 350㎖ 분량 맥주 캔용 플라스틱으로 홀더를 만들어 재배 백을 하나씩 넣고 배양액을 부은 상자에 놓는다.

▶ Point
캔용 홀더는 바닥에 구멍이 뚫려 있으므로 옆에만 살짝 베어 가르면 편리하게 사용할 수 있다. 잎은 높이 30cm로 자란다.

겨자

치커리, 깻잎, 케일에 버금가는
쌈 채소로 버릴 게 하나도 없어요.
씨앗인 겨자는 가루로 만들어 향신료로 사용해요.

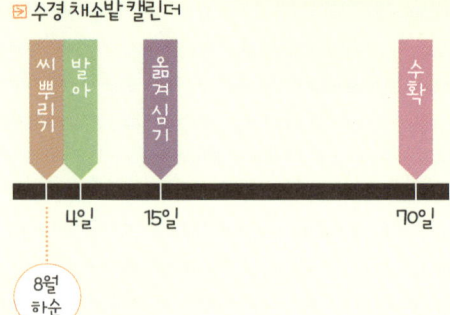

▶ 수경 채소밭 캘린더

씨뿌리기 — 발아 4일 — 옮겨심기 15일 — 수확 70일

8월 하순

● 씨 뿌리는 시기

중간지 ▶ 3월 상순~3월 하순
          8월 하순~10월 중순
한랭지 ▶ 4월 중순~8월 상순
온난지 ▶ 2월 하순~3월 하순
          9월 상순~10월 하순

1

수경재배 트레이에 세팅하기

《씨앗 뿌리는 방법》(p.10~11)으로 발아시키고《채소밭을 가꾸는 기초 노하우》(p.12~15)로 모종을 수경재배 트레이에 세팅한다.

2

성장 지켜보기

여름철에 성장이 빠르므로 배양액이 떨어지지 않도록 주의하면서 지켜본다. 병충해가 생기는지도 자주 체크한다.

▶ Point
가지가 날개처럼 갈라져 나오는 것이 특징이다.

일본식 열무

절임으로 많이 사용하는 노자와나 품종은 우리나라 열무와 비슷한 식감과 맛을 가지고 있어요. 겨울에는 말려서 볶음 재료로 활용해요.

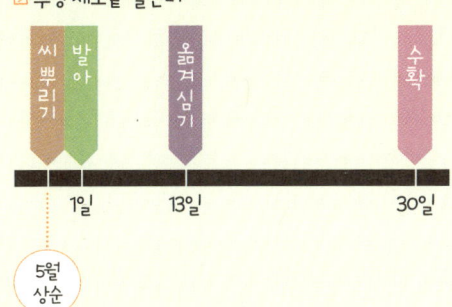

● 씨 뿌리는 시기

중간지 ▶ 3월 하순~5월 하순
　　　　 9월 상순~9월 하순
한랭지 ▶ 8월 상순~8월 하순
온난지 ▶ 3월 중순~4월 하순
　　　　 9월 중순~10월 상순

1

모종 화분에 옮겨심기

《씨앗 뿌리는 방법》(p.10~11)으로 발아시킨 모종을 스펀지째 지름 9cm의 화분에 옮겨심고 배양액을 부은 트레이에 올려놓는다.

 Point
작은 스푼 하나 분량의 질석을 바닥에 깔고 모종 스펀지를 올린 뒤 다시 질석을 넣어 안정시킨다.

2

홀더 설치하기

잎이 커지기 시작하면 플라스틱 컵의 바닥을 도려내서 홀더를 만들고 모종 위에 그대로 씌워 질석에 꽂는다.

▶ **Point**
실내에서도 충분히 크게 자란다. 밑동부터 길이를 재면 35cm에 달한다.

유채

유채는 맛이 부드럽고 담백한 편이에요.
소금으로 절이면 식감이 좋고
무치거나 삶아 먹어도 맛있답니다.

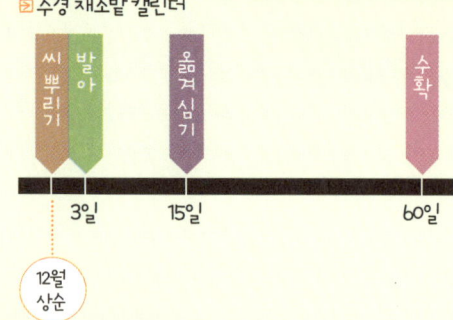

▶ 수경 채소밭 캘린더

씨뿌리기 — 3일
발아
옮겨심기 — 15일
수확 — 60일

12월 상순

● 씨 뿌리는 시기
- 중간지 ▶ 1년 내내
- 한랭지 ▶ 4월 상순 ~ 9월 상순
- 온난지 ▶ 1년 내내

1

수경재배 트레이에 옮겨심기

《씨앗 뿌리는 방법》(p.10~11)으로 발아시키고 《채소밭을 가꾸는 기초 노하우》(p.12~15)로 수경재배 트레이에 옮겨심는다.

▶ Point
옮겨심으면 성장이 급속히 빨라진다.

2

수확 기다리기

배양액이 떨어지지 않도록 주의한다. 녹조 발생을 막으려면 시트지를 컵 크기에 맞춰 둥글게 잘라 배지 위를 덮고 질석으로 고정한다.

▶ Point
수확한 줄기는 하얗고 예쁘다.

근대

시금치와 사촌 격이며
된장국 재료, 무침 채소 등으로 활용해요.
붉은색, 노란색, 자주색 등
잎줄기의 색이 다양해요.

▶ 수경 채소밭 캘린더

씨뿌리기 — 2일 — 발아 — 7일 — 옮겨심기 — 60일 — 수확

7월 하순

● **씨 뿌리는 시기**
- 중간지 ▶ 4월 상순 ~ 9월 하순
- 한랭지 ▶ 5월 중순 ~ 8월 중순
- 온난지 ▶ 3월 중순 ~ 10월 하순

1

모종판에 씨 뿌리기

한 변이 3cm인 모종판에 펄라이트를 2cm 깊이로 넣는다. 각 화분에 씨앗을 3~4개씩 뿌리고 그 위에 질석을 흩뿌린다.

▶ **Point**

모종판의 네 귀퉁이를 사진처럼 살짝 베어 가른다. 씨앗을 뿌린 후 수돗물이 담긴 상자에 화분을 놓는다.

2

수경재배 트레이에 옮겨심기

본잎이 나오면 옮겨심을 준비를 한다. 모종판을 하나씩 가르고 바닥을 도려낸 플라스틱 컵을 홀더로 덮어 트레이에 올려놓는다.

▶ **Point**

트레이는 배양액을 부은 상자와 채반을 겹쳐 놓은 것이다. 거름망을 채반 위에 펼쳐 놓고 질석을 1cm 두께로 깐다.

아이스플랜트

잎 표면이 오돌토돌해서 독특한 식감을 내며
그윽한 짠맛이 매력적이에요.
따로 양념을 하지 않고
생채소로 먹어도 맛이 좋아요.

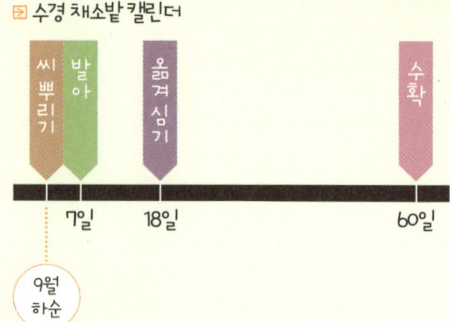

▶ 수경 채소밭 캘린더

씨뿌리기 / 발아 / 옮겨심기 / 수확
7일 / 18일 / 60일

9월 하순

● 씨 뿌리는 시기

중간지 ▷ 2월 중순 ~ 4월 상순
　　　　 8월 하순 ~ 10월 하순

온난지 ▷ 2월 중순 ~ 4월 상순
　　　　 8월 하순 ~ 10월 하순

1

모종판에 씨 뿌리기

한 변이 3cm인 모종판에 질석, 펄라이트를 각각 2cm 깊이로 넣고 씨앗을 3~4개씩 뿌린 뒤 수돗물이 담긴 상자에 올려놓는다.

▶ Point
한꺼번에 발아하지 않고 순차적으로 발아하는데, 펄라이트 화분이 성장이 더 늦다.

2

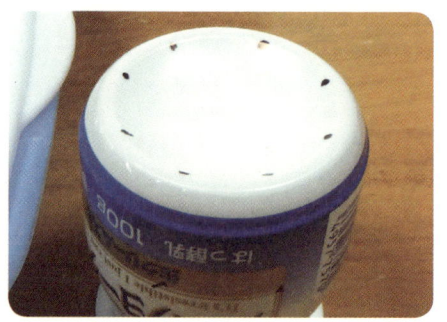

재배 화분 준비

요구르트 통의 바닥 면에 구멍을 여러 개 뚫는다.

3

모종 옮겨심기

용기의 80%만큼 배지를 넣고 발아한 모종 뿌리 주변을 숟가락으로 떠서 재배 화분에 옮겨심는다. 배지를 더 넣어 모종을 안정시킨다.

▶ Point

질석과 펄라이트를 반반씩 잘 섞어서 배지를 만든다. 뿌리가 섬세하므로 상처가 나지 않도록 주의하면서 작업한다.

4

수경재배 트레이에 세팅

상자에 채반을 겹쳐 놓고 그 위에 거름망을 넓게 편 후 질석을 두께 1cm로 깐다. 여기에 재배 화분을 늘어놓는다.

▶ Point

채반 옆쪽으로 배양액을 붓는다. 질석 표면이 촉촉할 정도로 배양액의 양을 조절한다.

5

스펀지로 밑동 안정시키기

성장하면서 밑동이 불안해지면 《씨앗 뿌리는 방법》(p.10~11)처럼 스펀지를 밑동 주변에 채워 넣는다.

▶ Point

이쯤이면 잎 표면에 아이스플랜트 특유의 오돌토돌한 돌기가 생긴다.

6

즐거운 마음으로 수확 기다리기

순이 점점 돋아나고 잎이 늘어난다. 배양액이 떨어지지 않도록 주의하며 수확을 기다린다.

▶ Point

밑동이 불안정하므로 배양액을 보충할 때 쓰러지지 않도록 조심스럽게 작업한다.

채소 선생님 후둥이의 꼼꼼 체크 2
대체 품종 고르기 잎채소편

앞에서 소개한 채소들은 주로 일본 간사이 지방에서 기르는 것들이에요.
우리나라에서 흔히 먹는 품종으로 대체해 기르면 수경 채소밭 가꾸는 과정이 더욱 의미 있어요.
1,000원 숍에서 간편하게 구입하세요.

1

대중적인 상추 종류

잔주름상추, 프린지그린, 가든 레티스 믹스 대신 꽃상추나 청상추, 오크상추, 로메인상추 등을 심어 기른다.

▶ **Point**
가든 레티스 믹스는 여러 가지 품종의 씨앗이 섞여 있는 것을 뜻한다. 수경 채소밭으로 가꾸면 모양과 색이 다양한 상추가 한 트레이에서 자란다.

2

톡톡 튀는 잎채소

아삭채 대신 청경채를 기르고, 임생채는 시중에서 구하기 힘든 품종이니 고소한 맛의 루콜라, 물냉이 등을 선택한다.

3

국거리·반찬거리 채소

일본식 열무인 '노자와나' 대신 열무를 심어 기른다. 김장용으로는 김장배추를, 겉절이용으로는 얼갈이배추를 추천.

▶ **Point**
비트를 심어 그 잎을 따서 사용해도 좋고, 시금치나 쑥갓을 수경재배 노하우로 길러 수확하는 것도 좋은 방법.

● 목적별 잎채소 씨앗 추천 ●

쌈채소

꽃상추, 청상추, 로메인상추, 치커리 등이 쌈용 채소로 적당하다. 모양이 특이한 잎채소로는 비타민, 청경채, 셀러리, 비트 잎 등이 있다.

김장용 채소

김장용 채소는 흔히 조미 채소라 부른다. 김장용 배추, 쌈배추, 얼갈이배추 등이 있다.

허브 잎

허브는 파스타, 피자 등을 만들 때 어울리는 바질, 루콜라, 고기나 생선요리에 적합한 레몬밤, 레몬타임, 로즈마리, 음료에 띄우기 좋은 페퍼민트, 애플민트 등이 있다.

● 수경 채소밭, 이런 점이 좋다! ●

믿기지 않을 만큼 간단하게 채소를 재배할 수 있는 수경 채소밭.
그 외에도 여러 가지 매력이 있어요.

A
실내에서 채소를 기를 수 있다
설비를 설치하고 운반하는 일이 간단하면서도
커다란 채소를 기를 수 있다.

B
사용하는 비료는 딱 한 종류
어떤 비료를 골라야 할지 고민하지 않아도
되므로 실수할 일이 없다.

C
병해충 발생이 적다
유충 같은 흙 벌레의 피해를 당하지 않는다.

D
연작이 가능하다
같은 채소를 연이어 재배할 수 있다.

E
손이 흙으로 지저분해질 염려가 없다
어떤 채소를 기르든지
사용하는 재료는 똑같다.

F
채소의 영양가가 높다
뿌리가 비료를 순식간에 흡수하기 때문에
영양가가 높다.

Part 3

자주 먹는 열매채소와 뿌리채소 수확하기!

흙에서 기르면 시간이 꽤 걸리고 재배하기도 어려운 열매채소와 뿌리채소. 게다가 흙과 비료를 고르거나 물과 비료를 제때 맞춰 주는 등 번거로운 작업이 한두 가지가 아니에요. 수경 채소밭에서는 열매채소와 뿌리채소도 싱거울 정도로 쉽게 기를 수 있답니다.

방울토마토

봄철 원예 가게에서 가장 인기 있는 것이 방울토마토 모종이에요. 아파트 베란다에서도 쉽게 기를 수 있는 방법을 소개할게요.

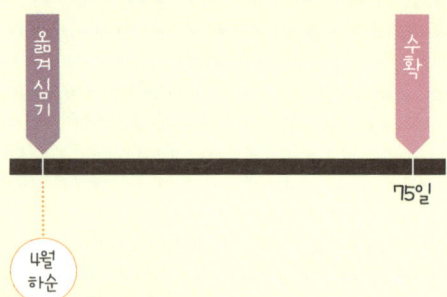

수경 채소밭 캘린더

옮겨심기 — 수확
4월 하순 ———— 75일

● 씨 뿌리는 시기
중간지 ▶ 4월 하순~6월 하순
한랭지 ▶ 5월 중순~6월 중순
온난지 ▶ 4월 중순~7월 상순

1

수경재배 화분 만들기
지름 15cm만 한 화분(5호)을 준비해 옆면 아랫부분에 구멍을 여러 개 뚫는다.

 Point
화분에 구멍을 뚫는 것이 성가시다면 지름 15cm, 높이 15cm 정도의 작은 채반을 화분 대신 사용한다. 오히려 통풍이 잘돼 편리하다.

2

수경재배 화분 설치
화분에 거름망을 깔고 질석을 약 3cm 깊이로 넣는다.

▶ **Point**
거름망은 질석을 넣어도 화분의 가장자리에서 젖혀질 만큼 크게 잘라둔다. 작은 거름망밖에 없다면 두 개를 겹쳐서 사용한다.

3

모종 옮겨심기
구입한 모종을 《시판하는 모종을 기르는 방법》(p.18~19)을 참고해 화분에 옮겨심는다.

▶ Point
구입한 모종판에서 모종을 흙째 꺼내 질석 위에 놓고 수경재배 화분과 흙 사이에 질석을 더 채워서 안정시킨다.

4

수경재배 트레이에 세팅하기
2의 화분을 배양액이 1cm 정도 담긴 더 넓은 화분 받침대에 올려 놓는다. 젓가락으로 임시 버팀목을 세운다.

▶ Point
수경재배 트레이에 세팅하면 성장이 빨라지므로 배양액이 떨어지지 않도록 주의한다. 방울토마토 모종은 잘 휘어지므로 버팀목을 필수로 세운다.

5

배양액을 신경 써서 보충하기
본격적으로 성장하면 하루에 두 번 정도 배양액을 보충한다. 커다란 용기로 바꾸고 자동 급수병(p.22)을 설치하면 된다.

▶ Point
수경 채소밭에서는 어린잎이 돋아도 따지 않고 그대로 기른다.

6

줄기 고정하기
순을 따지 않아 줄기가 점점 자라면 튼튼한 버팀목(p.72)을 다시 세우거나 커다란 화분 스탠드를 설치해 줄기를 고정한다.

▶ Point
사진과 같은 모양의 커다란 화분 스탠드를 뒤집어서 사용한다. 이 단계를 생략하고 곧바로 버팀목을 세워도 괜찮다.

7

버팀목 세우기
열매가 열리면 화분 스탠드로는 버틸 수 없어 줄기가 쓰러지게 되니 미리 버팀목을 세워야 한다.

▶ **Point**
버팀목을 세웠는데도 불안정하면 커다란 상자에 수경재배 트레이를 통째로 넣어서 쓰러지는 것을 방지한다.

● 버팀목 세우는 방법 ●

바슬바슬한 질석에는 버팀목을 세워도 고정이 어려워요. 수경 채소밭이 있는 장소에 따라 버팀목 세우는 방법을 달리 해 견고한 상태로 길러요.

A. 원예 가게에서는 버팀목 세울 용도로 구멍이 뚫린 플랜터를 판매한다. 플랜터에 재배 화분을 놓고 버팀목 구멍에 버팀목을 꽂아 세운다.

B. 베란다 울타리에 버팀목을 동여매는 방법도 있다. 버팀목 바로 옆에 재배 화분을 두고 기르되 바람에 날리지 않도록 단단히 고정한다.

C. 처마 밑, 옥상에서 볼 수 있는 빨래 건조대 같은 곳에 버팀목을 달아맨다. 버팀목 아래쪽 끝을 재배 화분에 묶으면 더욱 좋다.

수확의 기쁨 누리기
모종을 수경재배 화분에 옮겨심고 약 두 달 반이 지나면 열매가 익어서 수확할 수 있다.

▶ **Point**
수경 채소밭에서는 토마토가 잘 열린다. 버팀목으로 버티지 못할 때는 수경재배 트레이 주변을 벽돌로 받친다. 줄기가 쓰러지는 것을 방지하기 위해서는 기르는 장소를 고려해 다양한 대책을 생각해야 한다.

토마토

캄파리라는 품종의 토마토를 길러보세요. 캄파리는 이탈리아 명품 술과 같은 이름의 고급 토마토랍니다. 한입에 먹기 좋은 크기이며 당도가 높아 여자들이 특히 좋아해요.

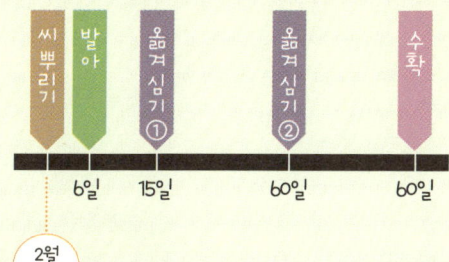

▶ 수경 채소밭 캘린더

씨 뿌리기 → 발아 (6일) → 옮겨심기 ① (15일) → 옮겨심기 ② (60일) → 수확 (60일)

2월 하순

● 씨 뿌리는 시기
- 중간지 ▷ 2월 하순 ~ 4월 하순
- 한랭지 ▷ 3월 중순 ~ 4월 중순
- 온난지 ▷ 2월 하순 ~ 5월 하순

1
기본적인 방법으로 씨 뿌리기
고급 토마토라고 해서 씨앗을 뿌리는 방법이 다르지는 않다. 《씨앗 뿌리는 방법》(p.10~11)으로 씨앗을 뿌려 발아시킨다.

▶ Point
스펀지 한 개에 씨 1알을 뿌려두면 6일 정도 지나 발아한다. 잎채소에 비해 발아하기까지의 시간이 꽤 걸린다.

2
옮겨심을 준비하기
본잎이 크게 자라면 옮겨심을 준비를 시작한다. 사진만큼 자라면 옮겨심는다.

3

작은 화분 준비하기

한 변이 약 3cm인 모종판의 네 귀퉁이를 1cm 정도 가른 뒤 거름망을 깔고 1작은 스푼 분량의 질석을 넣는다.

▶ Point

뿌리가 사진처럼 성장하면 모종판을 낱개로 잘라낸다.

4

조심하면서 옮겨심기

모종이 발아한 스펀지를 모종판에 살짝 놓는다. 뿌리가 상하지 않도록 조심하면서 스펀지 사이에 질석을 채워넣는다.

▶ Point

사진처럼 모종판에 스펀지를 대각선으로 두면 질석을 채워 넣기 쉽다. 윗면은 스펀지가 가려질 정도로만 뿌린다.

5

수경재배 트레이에 세팅하기

수경재배 트레이에 배양액을 약 1cm 깊이로 붓고 모종판을 가장자리부터 차례로 늘어놓는다.

6

임시 버팀목을 세우기

배양액으로 인해 성장이 급속도로 빨라진다. 토마토 줄기는 잘 휘므로 사진만큼 자라면 젓가락을 꽂아 받친다.

7

수경재배 화분 큰 것으로 준비

토마토가 본격적으로 성장하므로 플라스틱 쓰레기통의 바닥과 옆, 아래쪽에 구멍을 뚫어 수경재배 화분을 만든다.

▶ Point

구멍을 뚫는 것이 성가시다면 지름 15cm, 높이 15cm 정도의 채반을 사용한다.

8

배지 넣기

7의 수경재배 화분에 거름망을 펼쳐놓고 그 위에 질석 배지를 약 5cm 깊이로 넣어 가볍게 다진다.

9

모종 넣고 버팀목 세우기

6의 모종판에서 모종을 뿌리째 꺼내 수경재배 화분 가운데에 놓고 뿌리 근처 배지에 1m 정도의 버팀목을 세운다.

▶ Point

한 손으로 토마토 줄기를 잡고 다른 손으로 화분을 살짝 잡아당기면 모종을 쉽게 꺼낼 수 있다.

10

수경재배 트레이에 세팅하기

깊이 5cm 정도의 상자를 준비한다. 배양액을 약 1~2cm 깊이로 붓고 그 위에 수경재배 화분을 놓은 뒤 성장을 지켜본다.

▶ Point

배양액은 항상 깊이 1~2cm를 유지하도록 관리한다.

11

배양액의 양 늘리기

옮겨심고 한 달 정도 지나면 성장이 한층 빨라진다. 배양액이 모자라지 않도록 아침마다 수경재배 트레이에 배양액을 가득 붓는다.

▶ Point
순이 점점 돋아나는데, 그 순을 따지 말고 그대로 기른다.

12

열매 열리는 것 확인하기

열매가 열리기 시작한다. 푸릇푸릇한 토마토 열매를 확인하면 머지않아 수확할 수 있다.

▶ Point
처음 달린 열매부터 빨갛게 물든다.

13

자동 급수병 활용

열매가 열리기 시작하는 여름에는 배양액이 왕성하게 흡수되므로 자동 급수병(p.22)을 활용해 하루에 두세 번 보충한다.

14

집에서 기른 고급 토마토 즐기기

수경재배 화분에 옮겨심고 약 두 달 후에 첫 수확을 한다. 열매가 떨어지지 않도록 주의하며 가위로 가지를 잘라 송이째 수확한다.

▶ Point
수확한 토마토의 크기를 재 보면 지름이 약 4.5cm이다.

● 캄파리 토마토에서 씨 꺼내기 ●

1

캄파리 토마토 열매를 식칼로 자르고 숟가락으로 씨앗을 긁어내 작은 접시에 담는다.

▶ Point

가게에서 구입한 캄파리 토마토를 수경 채소밭에서 기를 수 있다.

2

긁어낸 씨앗을 즙째 티백에 넣는다.

▶ Point

즙은 티백에서 자연스럽게 흘러나온다.

3

수돗물을 티백에 부어서 씨의 점액을 씻어낸다.

▶ Point

젤리 모양의 점액을 최대한 제거해야 좋지만 조금 남아도 상관없다.

4

티백째 신문지에 싸서 하룻밤 동안 그대로 둔다. 다음 날이 되면 재배할 수 있는 씨앗이 완성!

▶ Point

씨앗이 신문지에 딱 달라붙어 있다면 최대한 조심스럽게 떼어낸다.

오이

오이는 대표적인 여름철 채소예요.
겉은 손바닥이 아플 정도로 돌기가 잔뜩 돋아났지만
속은 아삭아삭한 식감과 상큼함을 자랑해요.
시판하는 모종으로 재배하는 방법을 소개해요.

▶ 수경 채소밭 캘린더

옮겨심기 — 5월 중순 ························· 수확 — 30일

● 씨 뿌리는 시기
중간지 ▶ 5월 상순~8월 중순
한랭지 ▶ 5월 하순~7월 중순
온난지 ▶ 4월 하순~8월 하순

1

수경재배 화분과 트레이 준비

질석과 야자 섬유를 섞고(p.21)
《시판하는 모종을 기르는 방법》
(p.18~19)으로 모종을 화분에 옮
겨심은 뒤 트레이에 세팅한다.

▶ Point
수경재배 트레이에 배양액을
깊이 1cm 정도로 붓고 그 양
을 유지한다.

2

덩굴이 타고 올라갈 그물 설치

수경재배 트레이에 모종을 옮겨
심고 열흘 정도 지나면 나무틀이
나 그물을 설치해 덩굴이 타고 올
라갈 수 있도록 한다.

078

● 그물 설치하는 방법 ●

오이, 참외, 여주처럼 덩굴이 뻗는 채소를 기를 때는 그물을 쳐서 덩굴이 타고 올라갈 수 있도록 해요. 수경 채소밭이 있는 장소에 맞춰 다양한 방법으로 그물을 설치하세요.

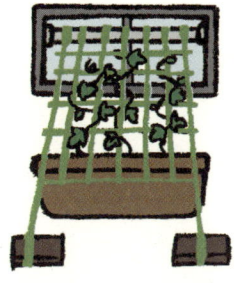  

A. 창문틀에 신축식 봉을 가로로 달고 그물의 위쪽 끝을 봉에 건다. 그물의 아래쪽 끝은 벽돌로 고정한다. 창문이 없는 장소에서는 벽면에 고리를 붙여 사용한다.

B. 베란다에 울타리가 있다면 울타리가 그물을 대신할 수 있으므로 굳이 그물을 설치할 필요가 없다. 울타리용 금속제 그물을 울타리에 단단히 동여매도 좋다.

C. 원예 가게에서 파는 아치형 버팀목에 그물을 친다. 버팀목을 바닥에 세울 수 없는 장소에서는 아치형 버팀목을 세팅할 수 있는 플랜터를 구입한다.

3

보냉백으로 비 피하기

여름 장마철을 대비해 보냉 백 바닥에 구멍을 여러 개 뚫고 2의 모종을 거름망째 옮겨심는다. 백의 지퍼 밖으로 줄기를 내놓는다.

▶ Point

350㎖ 맥주 캔이 여섯 개 들어가는 보냉 백을 사용한다. 더 완벽하게 비를 피하려면 모종을 비닐봉지에 담아 밀봉한다.

4

수확의 기쁨 누리기

구입한 모종을 수경재배 화분에 옮겨심고 열매가 열리기까지는 한 달이 채 걸리지 않는다. 그때부터는 부지런히 수확한다.

▶ Point

보냉 백 안에서는 뿌리가 촘촘히 뻗는다. 빗물이 들어와 바닥에 고이면 그때그때 버린다.

여주

일본에서는 에너지 절약 차원에서 덩굴 식물을 심는 '녹색 커튼 프로젝트'가 유행하고 있어요. 가장 많이 활용하는 채소 여주를 가꿔보세요. 쌉싸래한 열매를 맛볼 수 있어요.

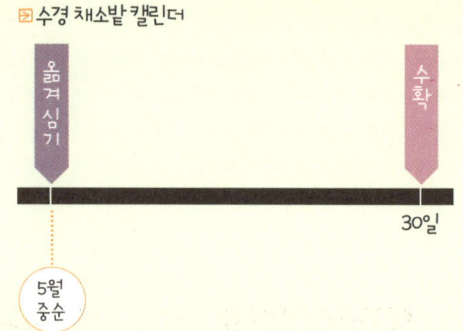
▶ 수경 채소밭 캘린더

● 씨 뿌리는 시기
- 중간지 ▶ 4월 하순~6월 하순
- 한랭지 ▶ 5월 중순~6월 중순
- 온난지 ▶ 4월 중순~5월 중순

1

보냉백에서 기르기

구입한 모종을 수경재배 화분에 옮겨심는다. 뿌리를 단단히 내리면 거름망째 작은 바구니에 넣고 보냉 백에 옮겨서 기른다.

▶ Point
배양액은 보냉 백에 1cm 깊이로 붓는다. 처마 밑이나 베란다 등 비가 내리지 않는 곳에서는 보냉 백으로 재배할 필요가 없지만 마당처럼 비를 막을 수 없는 곳에서는 필수 기법이다.

2

덩굴이 타고 올라갈 그물 설치

덩굴이 타고 올라갈 틀이나 그물을 설치한다(p.79). 모종을 심은 후 한 달 정도 지나면 가지가 휠 만큼 열매가 많이 열린다.

참외

여름철에만 볼 수 있는 참외는
종류가 많은 편인데요.
노란 참외 대신 표면에 초록색 줄무늬가 돋보이는
개구리참외 수확 방법을 소개할게요.

▶ 수경 채소밭 캘린더

옮겨심기 — 5월 중순 ……… 30일 ……… 수확

● 씨 뿌리는 시기

중간지	▶	4월 하순 ~ 5월 하순
한랭지	▶	5월 중순 ~ 6월 하순
온난지	▶	4월 상순 ~ 5월 중순

1

보냉백에서 기르기

구입한 모종을 수경재배 화분에 옮겨심는다. 뿌리를 단단히 내리면 거름망째 작은 바구니에 넣고 보냉 백에 옮겨서 기른다.

▶ **Point**
배양액은 보냉 백에 1cm 정도 깊이로 직접 넣는다.

2

보냉백받침대에 올리기

덩굴이 타고 올라갈 그물을 설치한다. 보냉 백은 지면에 직접 두지 말고 벽돌 같은 적당한 받침대 위에 올려놓는다.

▶ **Point**
받침대 위에 올려놓으면 직사광선으로 인한 지면 열의 영향을 덜 받고 쥐며느리처럼 흙에서 서식하는 벌레가 침입하는 것도 막을 수 있다.

081

호박

호박처럼 무거운 채소도 간단한 설비의
수경 채소밭에서 재배할 수 있어요.
크기는 작은 편이지만 속이 꽉 찬 달콤한 열매를 맛보면
재배한 보람을 한가득 느낄 수 있을 거예요.

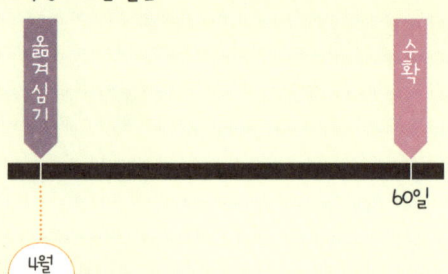

● **씨 뿌리는 시기**
중간지 ▶ 4월 중순~5월 중순
한랭지 ▶ 5월 중순~6월 중순
온난지 ▶ 3월 중순~4월 하순

1

배양액으로 모종 보존하기

구입한 모종을 곧바로 옮겨심지
않을 때는 배양액이 담긴 상자에
모종판을 두다. 그 사이에 수경재
배 화분을 준비한다.

▶ **Point**
화분에 구멍을 뚫는 대신 채반
을 사용해도 좋다. 구입한 모종
판의 크기에 맞은 수경재배 화
분과 채반을 준비한다.

2

수경재배 화분에 옮겨심기

《시판하는 모종을 기르는 방법》
(p.18~19)으로 모종을 화분에 옮
겨심고 깊이 1cm 정도 배양액이
담긴 트레이에 화분을 세팅한다.

▶ **Point**
펄라이트를 배지를 사용할 수
있고 질석과 야자 섬유를 섞어
서(p.21) 활용해도 좋다.

3

임시 버팀목 세우기

호박 모종의 잎이 처음부터 큰 상태라면 옮겨심자마자 가지와 가지 사이에 젓가락을 세워 버팀목으로 삼는다.

4

배양액 신경 써서 보충하기

호박은 잎이 크고 흡수력이 좋으므로 배양액이 떨어지지 않도록 각별히 주의해야 한다. 자동 급수병(p.22)을 활용하는 것도 좋다.

5

선반에 두고 기르기

호박은 지면으로 덩굴을 뻗으며 성장하는 채소다. 넓은 재배 장소를 확보하지 못했다면 트레이를 선반에 두고 기른다.

▶ Point

옮겨심고 한 달 반이 지나면 꽃이 핀다. 아침에 암꽃의 암술머리에 수꽃의 꽃가루를 묻히거나 벌을 이용해 수분시킨다.

6

수확의 기쁨 누리기

수경재배 화분에 옮겨심고 나서 두 달 정도 지나면 드디어 수확할 수 있다. 열매의 크기는 페트병 높이의 반 정도다.

▶ Point

열매의 무게는 400g.

가지

둘이 먹다 하나가 죽어도 모를 가을철 별미, 가지.
긴가지, 물가지, 쌀가지 등 다양한 종을 키울 수 있어요.
여름철 햇살을 한가득 머금고 자란
가을 열매를 만나세요.

▶ 수경 채소밭 캘린더

옮겨심기 — 6월 하순
수확 — 30일

● 씨 뿌리는 시기

중간지	▶	5월 상순~6월 하순
한랭지	▶	5월 중순~6월 하순
온난지	▶	4월 중순~6월 하순

1

모종 옮겨심을 준비

《시판하는 모종을 기르는 방법》(p.18~19)으로 모종을 옮겨심기 위해 화분 아래쪽에 구멍을 몇 개 뚫고 거름망을 펼친다.

▶ **Point**

수경재배 화분에 구멍을 뚫는 대신 채반을 사용하면 편리하다. 구입한 모종판의 크기에 알맞은 채반을 준비한다.

2

수경재배 화분에 옮겨심기

모종판에서 모종을 흙째 꺼낸 뒤 배지가 3cm 깊이로 담긴 수경재배 화분에 놓는다. 그런 뒤 배지를 더 채워넣는다.

▶ **Point**

질석과 야자 섬유를 섞은 배지(p.21)를 사용한다. 수경재배 화분에 옮겨심은 뒤 배양액이 1cm 깊이로 담긴 수경재배 트레이에 수경재배 화분을 올려놓는다.

3

버팀목 세우기

수경재배 화분에 올려놓으면 성장이 빨라지므로 2주 정도 지나서 버팀목을 세운다.

▶ Point

수경재배 화분의 옆면에 테이프로 버팀목을 붙여 열매의 무게를 버티게 한다. 더 안정적인 방법은 p.72를 참고한다.

4

강한 햇볕 피해 장소 옮기기

가지 잎은 강한 햇볕을 쬐면 시들어버린다. 강한 햇볕이 지속될 때는 햇볕이 들지 않는 곳으로 옮긴다.

▶ Point

쉽게 이동할 수 있다는 점이 수경 채소밭의 장점이다. 실내로 옮기면 한 시간만 지나도 사진처럼 싱싱함을 되찾는다.

5

태풍 피해 대비

8월부터 9월까지는 태풍이 잦다. 바람이 강한 날에는 벽돌로 받쳐서 가지가 쓰러지지 않도록 대비한다.

6

수확의 기쁨

8월 하순에 가을바람이 불기 시작하면 슬슬 수확할 때가 된다. 물가지, 긴가지, 쌀가지 순으로 수확한다.

▶ Point

열매가 너무 크게 자라면 껍질이 딱딱해져서 맛이 떨어진다. 따라서 적당한 크기로 자랐을 때 수확해야 한다.

섬고추

섬고추는 길이가 손가락보다 작은 오키나와 특산 고추예요. 그늘에 말린 붉은 섬고추를 쌀소주에 담가두면 향신료 '코레이그스' 완성이에요. 일본 전통요리에 관심이 있다면 한번 길러보세요.

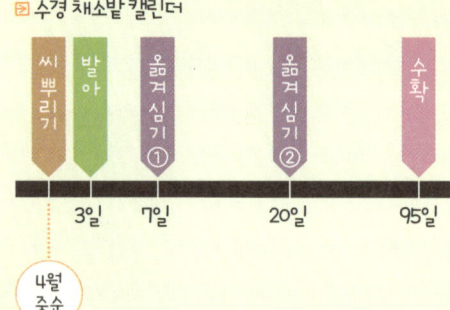

수경 채소밭 캘린더

씨 뿌리기 / 발아 3일 / 옮겨심기 ① 7일 / 옮겨심기 ② 20일 / 수확 95일

나월 중순

● 씨 뿌리는 시기

- 중간지 ▶ 3월 중순 ~ 7월 중순
- 한랭지 ▶ 5월 상순 ~ 7월 상순
- 온난지 ▶ 3월 상순 ~ 7월 하순

1

기본적인 방법으로 발아시키기

《씨앗 뿌리는 방법》(p.10~11)으로 씨앗을 발아시킨다.

2

모종판에 옮겨심기

본잎이 커지면 한 변이 3cm인 작은 모종판에 옮겨심고 배양액이 깊이 1cm로 담긴 수경재배 트레이에 세팅한다.

▶ **Point**

모종판에 옮겨심을 때 배지는 질석을 사용하고 바닥의 네 귀퉁이를 베어 가르는 것을 잊지 않는다.

3

수경재배 화분에 옮겨심기

잎이 크게 자랐을 때 지름 15cm 의 화분(5호)에 옮겨심는다. 화분 옆면에 구멍을 뚫거나 채반을 화분 대신 사용한다.

▶ Point
수경재배 화분에 옮겨심으면 성장이 빨라진다. 한 달 반 만에 사람 키만큼 자란다.

4

넘어지는 잎 지탱하기

열매 크기와 달리 잎이 무성해지므로 방울토마토(p.70~72)를 재배할 때 이용했던 대형 화분 스탠드로 지탱한다.

5

태풍이 오면 실내로 옮기기

여름철 채소를 재배할 때는 태풍과 만나는 것을 피할 수 없다. 일기예보에 귀를 기울이면서 적절할 때 실내로 화분을 옮긴다.

6

수확의 기쁨 누리기

수경재배 화분에 옮겨심고 약 두 달 반이 지나면(8월 상순쯤) 수확을 시작한다.

▶ Point
첫 수확 때까지 시간이 오래 걸리는 대신 수확 기간이 길어서 해가 바뀌어도 계속 수확할 수 있다.

하바네로 칠리

피망이나 파프리카처럼 생긴
작고 귀여운 열매이지만
세계에서 두 번째로 매운 고추예요.
주황색을 띠며 수경 채소밭에서 쑥쑥 잘 자라요.

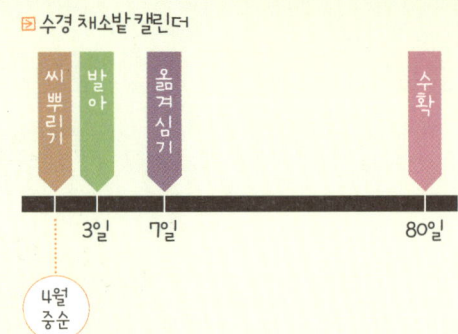

수경 채소밭 캘린더
씨뿌리기 — 4월 중순
발아 — 3일
옮겨심기 — 7일
수확 — 80일

● 씨 뿌리는 시기
- 중간지 ▶ 4월 상순~6월 중순
- 한랭지 ▶ 5월 중순~6월 하순
- 온난지 ▶ 3월 상순~6월 상순

1
모종판에서 재배하기

《씨앗 뿌리는 방법》(p.10~11)으로 발아시킨다. 약 3주 동안 모종판에서 재배하다가 수경재배 화분으로 옮겨심는다.

▶ Point
하바네로도 잎이 옆으로 길게 퍼지는 편이라 금속제 그물 바구니에 넣어서 재배한다. 원 모양의 버팀목을 이용한다.

2
수확의 기쁨

옮겨심으면 섬고추보다 2주 정도 일찍 열매를 맺으며 이때부터 수확이 가능하다.

▶ Point
지나치게 매워서 수확해도 활용할 방안이 마땅치 않지만 올리브유에 담가두면 핫소스 같은 유용한 조미료가 된다.

브로콜리

세계 각국, 어떤 요리에도 많이 활용되는 채소. 데쳐서 먹어도 좋고 찜이나 구이로 즐겨도 좋아요. 만능 채소 브로콜리를 집에서 길러요.

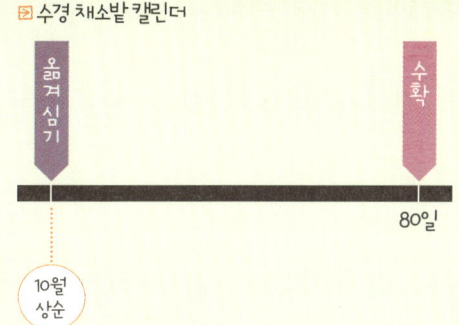

▶ 수경 채소밭 캘린더

옮겨심기 — 수확
10월 상순 — 80일

● 씨 뿌리는 시기

중간지 ▶ 3월 상순~4월 중순
　　　　　8월 하순~10월 상순

한랭지 ▶ 4월 상순~4월 하순
　　　　　7월 상순~8월 상순

온난지 ▶ 2월 중순~4월 상순
　　　　　9월 상순~10월 상순

1

수경재배 화분에 옮겨심기

구입한 모종을 《시판하는 모종을 기르는 방법》(p.18~19)으로 수경재배 화분에 옮겨심은 후 수경재배 트레이에 세팅한다.

▶ Point
배지로는 질석을 사용한다.

2

수확 기다리기

재배하기 전에는 상상하기 힘들 만큼 높이 자란다. 배양액이 떨어지지 않도록 주의하면서 즐거운 마음으로 수확할 날을 기다린다.

▶ Point
겨울이 제철인 채소다. 10월 상순에 옮겨심으면 해가 바뀌어도 수확이 가능하다.

089

콜리플라워

신선한 콜리플라워는 날로 먹을 수 있다는 점이 매력이에요. 수경 채소밭에서 갓 딴 콜리플라워를 바로 먹거나 찜이나 스튜, 파스타 재료로 활용해요.

▶ 수경 채소밭 캘린더

옮겨심기 — 10월 상순
수확 — 65일

● 씨 뿌리는 시기

중간지 ▶ 4월 상순~5월 상순
         8월 상순~10월 상순
한랭지 ▶ 5월 중순~7월 중순
온난지 ▶ 3월 상순~5월 상순
         8월 하순~10월 중순

1

수경재배 화분에 옮겨심기

구입한 모종을 《시판하는 모종을 기르는 방법》(p.18~19)으로 수경재배 화분에 옮겨심은 후 수경재배 트레이에 세팅한다.

▶ Point
배지로는 질석을 사용한다.

2

수확의 기쁨 누리기

브로콜리보다 재배 기간이 2주 정도 짧아서 일찍 수확할 수 있다. 하얀 꽃봉오리가 지름 10cm 정도로 자라면 수확한다.

▶ Point
수확이 늦어지면 노랗게 변하므로 수확 시기를 놓치지 않도록 주의한다.

순무

열매와 잎이 모두 맛있는 채소예요.
둥그런 열매를 재배 백에서 직접 키우면
볼 때마다 뿌듯함이 밀려와요.
꼭 한번 도전해보세요.

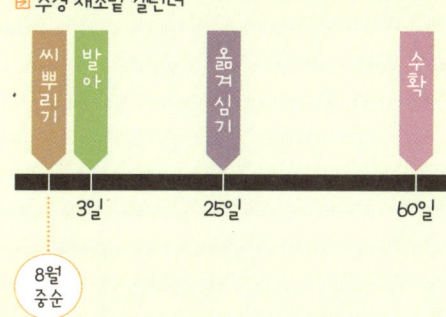

▶ 수경 채소밭 캘린더

씨뿌리기 — 발아(3일) — 옮겨심기(25일) — 수확(60일)

8월 중순

● 씨 뿌리는 시기

- 중간지 ▶ 3월 중순~10월 하순
- 한랭지 ▶ 4월 중순~9월 하순
- 온난지 ▶ 3월 중순~11월 상순

1

모종을 재배 백에 옮겨심기

《씨앗 뿌리는 방법》(p.10~11)으로 발아시킨 모종을 재배 백(p.16)에 넣고 전용 홀더에 세팅한 후 배양액이 담긴 트레이에 놓는다.

▶ **Point**

배지로는 질석을 사용한다. 재배 백에 모종 스펀지를 넣고 그 주변을 질석으로 채우면 약 한 달 뒤 잎이 자란다.

2

수확의 기쁨 누리기

재배 백에 옮겨심고 나서 작은 열매가 열리기까지는 채 한 달이 걸리지 않는다. 그로부터 40일 정도 지나면 수확할 수 있다.

▶ **Point**

재배 백 안에서 지름 6cm 정도 크기로 자란다.

토란

감자류 채소는 어두운 흙 속에서 조용히 자란다는 선입견이 있어요. 하지만 흙을 사용하지 않는 수경 채소밭에서도 아주 잘 자라죠. 담백하면서도 소화가 잘 되는 토란 재배법을 소개합니다.

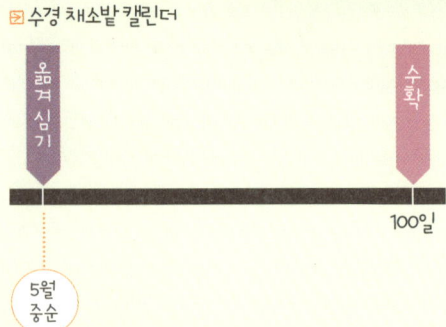
수경 채소밭 캘린더

옮겨심기 → 수확
5월 중순 → 100일

● 씨 뿌리는 시기

중간지 ▶ 5월 상순~5월 중순
한랭지 ▶ 5월 하순~6월 상순
온난지 ▶ 4월 하순~5월 상순

1

옮겨심을 준비하기

옮겨심기를 위해 지름 15cm, 깊이 15cm 정도의 채반에 거름망을 깔아서 수경재배 화분을 만들고 배지를 준비한다.

▶ Point
싹이 굵고 똑바로 뻗은 모종을 고른다. 질석과 야자 섬유를 섞은 배지(p.21)를 사용한다.

2

정성스럽게 옮겨심기

《시판하는 모종을 기르는 방법》(p.18~19)대로 수경재배 화분에 배지를 약 3cm 깊이로 넣고 모종을 흙째 옮겨심고 배지를 채운다.

▶ Point
마지막으로 모종의 흙을 덮을 만큼의 배지만 흩뿌린다.

092

3

수경재배 트레이에 세팅하기
수경재배 화분의 배지 표면이 촉촉해질 정도로 수경재배 트레이에 배양액을 붓는다.

▶ Point
수경재배 트레이에 세팅이 끝나면 금방 잎이 돋아나 성장한다. 옮겨심고 이틀만 지나도 사진만큼 자란다.

4

흡수량에 따라 배양액 보충
잎이 성장할수록 배양액을 왕성하게 흡수한다. 반드시 자동 급수병(p.22)을 사용해 공급한다.

5

줄기의 성장 확인하기
옮겨심은지 한 달 반 정도가 지나 밑동을 보면 줄기가 많이 늘어나 있다.

6

수확의 기쁨
잎이 시들기 시작하면 수확할 때가 된 것이다. 토란이 뭉쳐 있어 뽑아내기 어려우므로 수경재배 화분을 부숴 뿌리째 수확한다.

▶ Point
직접 재배했으니 줄기도 안심하고 먹을 수 있다. 토란과 줄기는 일본식 미소시루 재료로 잘 어울린다.

감자

집에 늘 있어야 마음이 편한 감자를
수경 채소밭에서 길러보세요.
수경재배 화분과 채반 대신 오래된 청바지를
활용해 감자를 재배할 수 있어요.

▶ 수경 채소밭 캘린더

씨 뿌리기 — 옮겨심기 (35일) — 수확 (45일)

4월 상순

● 씨 뿌리는 시기

중간지 ▶ 2월 하순~4월 상순
       8월 중순~9월 중순
한랭지 ▶ 4월 상순~5월 하순
온난지 ▶ 2월 상순~3월 상순
       9월 상순~9월 하순

1

씨감자 심기

토란을 재배할 때(p.92)처럼 수경
재배 화분을 만든다. 배지를 약
3cm 깊이로 넣고 싹이 튼 감자를
심은 뒤 윗부분을 배지로 덮는다.

▶ **Point**

배지로는 질석을 사용하고 사
진처럼 싹 끝을 바깥으로 나오
게 한 뒤 배양액이 든 수경재
배 트레이에 세팅한다.

2

잎의 성장 지켜보기

씨감자를 수경재배 화분에 심고
열흘 정도 지나면 잎이 나기 시작
한다. 배양액이 떨어지지 않도록
주의한다.

▶ **Point**

성장 속도는 빠르다. 잎이 나기
시작하고 열흘 정도 지나면 사
진처럼 많은 잎이 달린다.

3

커다란 화분에 옮겨심기
아주 커다란 화분에 옮겨심는다. 오래된 청바지를 허벅지 아래 5cm 정도만 남기고 잘라 꿰맨 뒤 화분으로 활용한다.

▶ Point
데님은 통기성이 좋아 거름망을 깔지 않는다. 질석 배지를 약 5cm 깊이로 넣고 잎이 자란 감자를 그 위에 놓은 뒤 청바지 화분째 수경재배 트레이에 올려놓는다.

4

꽃이 필 때쯤 버팀목 세우기
청바지 화분도 채소를 기르는 원리는 똑같다. 옮겨심고 1주가 지나 충분히 성장하면 꽃이 핀다.

▶ Point
줄기가 자라고 잎도 늘어나면 버팀목이 필요하다. 청바지 화분에 맞는 적절한 버팀목을 설치한다(p.72 참조).

5

머지않은 수확
청바지 화분에 옮겨심고 약 한 달이 지나 잎이 시들기 시작하면 배지를 살짝 치워 감자가 생긴 것을 확인한다.

▶ Point
배지를 치우면 감자가 더 많이 보인다. 수확할 때까지 잘 자라도록 다시 한 번 배지로 덮어주는 것이 중요하다.

6

수확의 기쁨 누리기
잎이 거의 시들면 수확할 때다. 밑동에서 줄기를 자르고 감자에 상처가 나지 않도록 조심하면서 작은 삽으로 배지를 파낸다.

▶ Point
뿌리에는 싹과 비슷한 크기의 작은 감자가 많이 달린다. 이것도 버리지 않고 그대로 요리 재료로 활용한다.

● 씨감자 만드는 법 ●

1

싹이 약간 나온 감자를 반으로 자르고 자른 면을 세 시간 정도 햇볕에 쬐어 소독한다.

▶ Point
구입한 감자를 며칠 동안 어두운 곳에 두면 자연스럽게 싹이 난다.

2

물에 적신 화장지를 다섯 장 정도 겹쳐 깔고 감자의 자른 면이 바닥을 향하도록 놓은 뒤 젖은 화장지를 덮어둔다.

▶ Point
약 2주 만에 싹이 3cm 길이로 자란다.

3

3호 사이즈(지름 9cm)의 모종판에 배지를 3cm 깊이로 넣고 싹이 자란 감자를 심는다. 감자의 싹 끝이 바깥으로 나오게 한다.

▶ Point
배지로는 질석을 사용한다. 모종판을 수경재배 트레이에 놓고 배지가 촉촉해질 정도로 배양액을 붓는다.

4

잎이 여러 개 나오면 커다란 수경재배 화분으로 옮겨심는다.

▶ Point
감자를 화분에 심고 5일 정도 지나면 잎이 나온다.

● 감자 품종 중 '남작'을 기르는 법 ●

1

씨감자를 수경재배 화분에 심은 뒤 배양액이 높이 1cm 정도 담긴 수경재배 트레이에 세팅한다.

▶ Point
배지는 질석과 야자 섬유를 섞어서(p.21) 사용한다. 감자는 얕은 배지에서 자라므로 다른 채소를 재배할 때와 마찬가지로 배지를 약 3cm 깊이로 넣고 그 위에 씨감자를 심는다.

2

씨감자를 심고 3주 정도 지나면 잎이 무성해지므로 미리 버팀목을 세운다.

▶ Point
버팀목을 세울 때쯤 옅은 자주색 꽃이 핀다. 품종마다 꽃의 색이 조금씩 다르다.

3

잎이 사진처럼 시들면 수확할 때가 된 것이다.

4

수경재배 화분 두 개에서 사진처럼 많은 감자를 수확할 수 있다. 큰 감자는 지름이 약 9cm 정도 된다.

● 감자 품종 중 '메이크인'을 기르는 법 ●

1

남작을 기를 때와 같은 요령으로 수경재배 화분에 씨감자를 심는다.

▶ Point
사용하는 채반이나 바구니는 높이 15cm 정도면 충분하다. 사진 속 바구니의 바닥 면은 A5 크기.

2

씨감자를 심고 나서 한 달 반이 지나면 잎이 무성해지므로 버팀목이 필요하다.

3

씨감자를 심고 나서 두 달이 지나 잎이 시들기 시작하면 수확할 때가 된다.

4

메이크인을 심은 수경재배 화분 두 개에서 수확 가능한 감자의 양은 40개 정도다.

▶ Point
메이크인은 익혀도 잘 뭉개지지 않는 특징이 있어 감자칩을 만들어 먹기에 좋다.

20일 무

유럽이 원산지인 20일 무는
붉은색, 하얀색 등 종류가 많아요.
식감이 좋고 귀여운
20일 무 재배 방법을 소개합니다.

▶ 수경 채소밭 캘린더

씨 뿌리기 → 발아(7일) → 옮겨심기(10일) → 수확(50일)
1월 상순

● 씨 뿌리는 시기

중간지	▶	11월 상순 ~ 3월 중순
한랭지	▶	4월 상순 ~ 5월 중순
온난지	▶	11월 중순 ~ 3월 상순

1

기본적인 방법으로 발아시키기

《씨앗 뿌리는 방법》(p.10~11)으로 씨앗을 발아시키고《채소밭을 가꾸는 기초 노하우》(p.12~15)로 모종을 트레이에 세팅한다.

▶ Point
씨앗이 사진만큼 자라면 수경재배 트레이에 세팅한다. 스펀지 하나에 무 하나만 자라도록 솎아낸다.

2

자라는 모습 지켜보기

순무를 재배할 때처럼 20일 무도 모종 스펀지 위쪽으로 자란다. 성장하는 모습을 지켜보는 것도 즐겁다.

▶ Point
수확하면 무가 스펀지를 뚫고 자랐다는 것을 알 수 있다.

당근

베타카로틴이 듬뿍 들어 있는 건강 채소는? 바로 당근이에요. 수경 채소밭에서는 아무래도 일반 당근보다 미니 당근을 기르는 게 더 적합해요. 작고 귀여운 미니 당근과 잎을 함께 맛보세요.

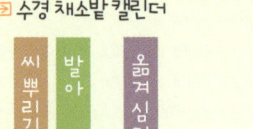
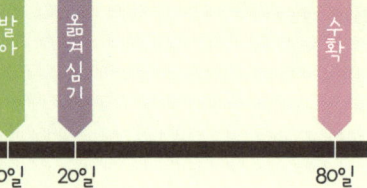

★ 표준적인 씨 뿌리기 시기보다 훨씬 일찍부터 씨앗을 뿌릴 수 있다.

● **씨 뿌리는 시기**

중간지 ▶ 3월 중순~4월 하순
　　　　 7월 상순~9월 중순
한랭지 ▶ 4월 상순~7월 하순
온난지 ▶ 3월 중순~4월 하순
　　　　 8월 상순~10월 중순

1
기본적인 방법으로 발아시키기
《씨앗 뿌리는 방법》(p.10~11)으로 씨앗을 뿌려 발아시킨다.

▶ **Point**
씨앗을 뿌린 스펀지에 질석을 흩뿌린다. 발아할 때까지 10일 정도 걸린다.

2
옮겨심을 준비
싹이 자라면서 가늘고 길게 뻗는다. 5cm 정도 자라면 옮겨심는다.

3

속이 깊은 용기에 옮겨심기

속이 깊은 용기의 바닥 면과 옆면 아래쪽에 구멍을 뚫고 질석을 8cm 깊이로 넣은 뒤 모종 스펀지를 담아 질석으로 덮는다.

▶ Point
같은 용기를 하나 더 준비하고 바닥을 도려낸다. 모종 스펀지가 들어 있는 용기에 씌워 홀더로 활용한다.

4

잎의 성장 지켜보기

잎의 성장이 빠른 편은 아니며 조금씩 뻗어 나가는 특징이 있다.

▶ Point
배양액이 떨어지지 않도록 주의한다.

5

잎을 떼어 맛보기

옮겨심고 두 달이 지나면 미니 당근의 잎이 사진처럼 풍성해진다.

▶ Point
잎이 달린 당근은 흔치 않다. 잎을 따서 수프 건더기로 사용하거나 샐러드 재료로 활용하면 그 자체로도 별미가 된다.

6

드디어 수확

잎끝이 노래지면 뿌리도 완전히 자랐다는 표시다. 시험 삼아 한 포기를 뽑아서 잘 자랐는지 확인한 후 수확을 시작한다.

완두콩

수경 채소밭에 완두콩을 기를 때는 덩굴이 없는 품종으로 재배해요. 일본에서는 완두콩을 껍질째 삶아먹기도 하고 튀겨서 간식처럼 즐기기도 해요. 수확한 콩으로 다양한 요리를 만들어요.

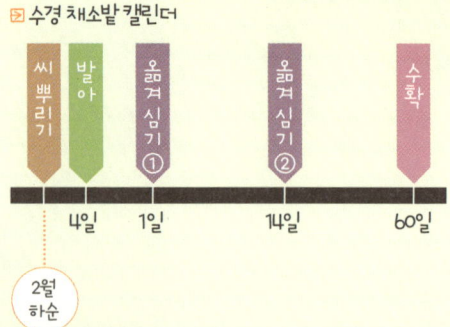

● 씨 뿌리는 시기

중간지	2월 하순 ~ 4월 중순 10월 중순 ~ 11월 하순
한랭지	3월 하순 ~ 5월 하순
온난지	2월 중순 ~ 3월 중순 10월 중순 ~ 12월 상순

1

씨앗을 물에 담가 뿌리 기르기
적당한 용기에 씨앗을 넣고 씨앗이 잠길 듯 말 듯 수돗물을 붓는다. 그 위에 화장지 한 겹을 덮는다.

▶ Point
이렇게 하면 뿌리가 확실히 나온 씨만 재배할 수 있다. 사진 속의 씨앗은 코팅된 것이고 코팅되지 않은 씨앗은 다갈색을 띤다. 대체적으로 발아가 잘 되는 식물이다.

2

재배 백에 옮겨심기
씨에서 뿌리가 나오면 재배 백(p.16)을 수경재배 트레이에 늘어 놓고 질석을 각각 4cm 깊이가 되도록 넣고 콩을 4알씩 심는다.

▶ Point
마지막으로 질석을 씨에 흩뿌려 덮는다. 수경재배 트레이 속 배양액의 양은 1cm 깊이를 유지한다.

3

본격적인 성장 준비하기

씨앗이 나와 사진만큼 성장하면 홀더가 필요해지므로 옮겨심을 준비를 한다.

▶ Point
뿌리도 재배 백을 뚫고 자란다.

4

뿌리에 빛을 차단하고 옮겨심기

알루미늄 포일로 재배 백을 감싸 빛을 차단하고 350㎖ 맥주 캔용 플라스틱 통을 홀더로 삼아 배양액이 담긴 트레이에 홀더째 놓는다.

▶ Point
350㎖ 맥주 캔용 플라스틱 통에 관해서는 p.59를 참조할 것.

5

비닐봉지를 홀더로 사용

더 크게 성장하면 대형 비닐봉지에 수경재배 트레이를 통째로 넣고 기른다.

▶ Point
수경재배 트레이가 완전히 들어가는지 비닐봉지 크기를 확인한다. 비닐봉지의 손잡이를 어딘가에 매다는 게 좋다.

6

수확의 기쁨 누리기

씨앗을 뿌리고 약 두 달 반이 지나 꽃이 피면 탱글탱글한 콩깍지를 수확할 수 있다.

▶ Point
수확할 때쯤에는 1m 정도 성장한다.

103

강낭콩

강낭콩은 장마 때부터 늦여름까지가 제철이에요.
콩깍지의 독특한 식감을 즐길 수 있는 녹황색 채소죠.
이제 직접 수확한 강낭콩으로
맛있는 밥을 지어보세요.

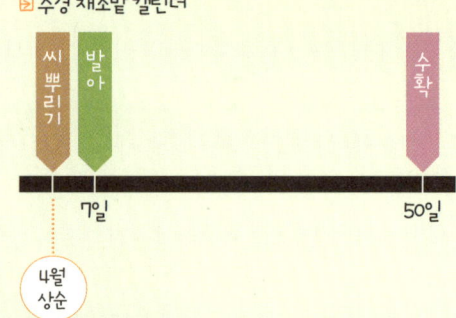

● **씨 뿌리는 시기**
- 중간지 ▶ 4월 상순~5월 중순
- 한랭지 ▶ 5월 중순~6월 중순
- 온난지 ▶ 3월 하순~5월 상순
  8월 중순~9월 중순

1

씨앗을 배지에 직접 뿌리기
재배 백(p.16)에 펄라이트 배지를 4cm 깊이로 넣고 씨앗을 2알씩 심는다. 씨앗이 덮일 정도로 펄라이트를 흩뿌린다.

▶ **Point**
씨앗을 심을 때는 뿌리가 돋아나게 될 하얀 속살 부분을 아래로 향하게 한다. 수경재배 트레이의 채반 위에는 거름망을 깐다.

2

발아 확인하기
씨앗을 뿌리고 3일 정도 지나면 발아한다.

▶ **Point**
이후 수확할 때까지는 옮겨심을 필요가 없다. 이것이 티백으로 만든 재배 백의 편리한 점이다.

3

수돗물을 배양액으로 교체

발아한 후 10일 정도 지나면 잎이 자라기 시작한다. 이제부터는 수경재배 트레이 안의 수돗물을 배양액으로 바꾼다.

▶ Point

발아한 후 2주 정도 지나면 사진처럼 잎이 성장한다. 수경재배 트레이 속 배양액의 양은 1cm 깊이를 유지한다.

4

꽃이 피는 것 확인하기

발아한 후 40일 정도 지나면 하얀 꽃이 핀다. 꽃이 피고 나서 머지않아 깍지가 열리므로 이를 확인하는 것이 중요하다.

5

잎의 무게 지탱하기

수확할 때가 가까워지면 잎의 무게 때문에 넘어질 수 있다. 수경재배 트레이 주위를 벽돌로 받쳐서 쓰러지지 않게 한다.

▶ Point

강낭콩은 햇볕을 쬐면 잎이 일어선다.

6

수확의 기쁨

꽃이 피고 10일 정도 지나면 잎이 무성해져서 강낭콩이 잘 보이지 않지만 잎을 헤쳐 보면 콩깍지가 잔뜩 달려 있다.

▶ Point

한 번에 채반 한가득 수확할 수 있다. 이후로도 2주 정도 더 수확이 가능하다.

풋콩

맥주 안주로 잘 어울리고 어린아이도
매우 좋아하는 간식이에요.
갓 수확한 풋콩을 삶으면
여름철 최고의 별미가 된답니다.

▶ 수경 채소밭 캘린더

옮겨심기 — 수확
4월 하순 ········· 50일

● **씨 뿌리는 시기**

중간지 ▷ 4월 하순
한랭지 ▷ 5월 중순
온난지 ▷ 4월 중순

1

튼튼한 모종 준비
한 변이 5cm인 모종판에서 기른
모종을 열 개 구입한다.

2

모종을 재배 백에 옮겨심기
대형 티백으로 재배 백(p.16)을 만
들고 질석 배지를 2작은 스푼 정
도 바닥에 넣은 뒤 모종을 흙째 재
배 백에 넣는다.

▶ Point
모종을 한 손으로 잡고 반대쪽
손으로 모종판을 살짝 잡아당
기면 부드럽게 빠진다.

3

수경재배 트레이에 모종 세팅
채반을 올린 수경재배 트레이에 재배 백을 늘어놓고 질석 표면이 촉촉해질 때까지 배양액을 부어 넣는다.

▶ **Point**
발아한 후 2주가 지나면 사진처럼 잎이 성장한다. 매일 아침 수경재배 트레이 속 배양액의 양을 1cm 깊이로 유지한다.

4

전체 홀더 만들기
모종을 옮겨심고 채 한 달이 지나기도 전에 잎이 부쩍 늘어난다. 수경재배 트레이 전체를 받치는 홀더를 설치한다.

▶ **Point**
여기에서는 바닥이 뚫린 적당한 크기의 골판지 상자로 수경재배 트레이를 감싸서 홀더를 만든다.

5

콩깍지가 열린 것 확인하기
모종을 옮겨심고 나서 한 달 반이 지나면 콩깍지가 열린다.

▶ **Point**
콩의 크기는 아직 작다.

6

수확의 기쁨 누리기
모종을 옮겨심고 약 두 달이 지났을 때 콩이 충분히 크게 자란 것을 확인하고 수확한다.

▶ **Point**
재배 백에서 뿌리째 뽑아내는 것보다 밑동을 자르고 잎을 떨군 후 가지만 따로 모아 콩깍지를 수확하는 편이 좋다.

파파야

맛있는 과일을 직접 기를 수 있다면 얼마나 좋을까? 열대 과일 파파야를 씨 뿌리기부터 시작해서 직접 재배해보세요. 열대지방에서는 푸른 파파야 열매를 요리 재료로 다양하게 활용해요.

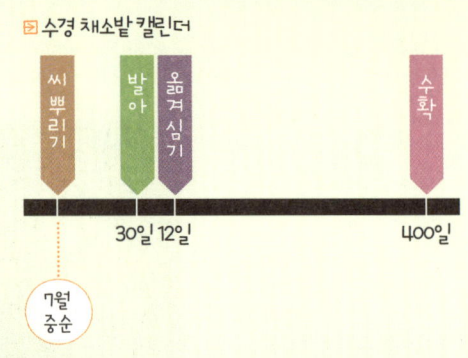

수경 채소밭 캘린더

씨뿌리기 — 발아 — 옮겨심기 — 수확
7월 중순 / 30일 12일 / 400일

1
재배용 씨앗 준비하기
파파야 열매를 둘로 쪼갠다. 빽빽이 들어찬 씨의 일부를 채반에 담아 씻어서 하루 동안 반건조하면 재배용 씨앗이 된다.

2
씨앗을 배지에 뿌리기
수경재배 트레이에 채반을 겹쳐 놓고 거름망 한 장을 펼친 뒤 질석을 넣어 씨앗을 심는다.

▶ Point
씨앗을 다 뿌리면 채반 옆쪽을 약간 들어 올려 수경재배 트레이에 수돗물을 붓는다. 질석의 표면이 촉촉할 정도로 수돗물의 양을 조절한다.

3

발아 확인하기

씨앗을 뿌린 질석이 건조해지지 않도록 수돗물로 약 한 달 동안 촉촉함을 유지한다. 시간이 꽤 지나면 쌍떡잎이 돋아난다.

▶ Point

사진만큼 싹이 자라면 옮겨심을 준비를 한다. 지름 15cm 정도의 화분을 준비한다.

4

모종을 수경재배화분에 옮겨심기

질석과 야자 섬유를 섞어서(p.21) 배지를 만들고 《시판하는 모종을 기르는 방법》(p.18~19)으로 수경재배 화분에 모종을 옮겨심는다.

▶ Point

거름망이 깔린 수경재배 화분에 배지를 약 10cm 깊이로 넣고 모종을 심은 뒤 배지로 윗부분을 덮어 안정시킨다. 수경재배 트레이에서 모종을 꺼낼 때는 뿌리에 상처가 나지 않도록 숟가락으로 조심히 뜬다.

5

수경재배 트레이에서 기르기

배양액을 약 1cm 깊이로 유지하며 기르면 옮겨심은 후 약 3주 동안 사진만큼 성장한다.

▶ Point

열대지방 과일이니 겨울철에는 따뜻한 실내로 옮긴다. 해가 바뀌고 옮겨심은 지 1년이 지나면 첫 번째 꽃이 핀다.

6

즐거운 마음으로 성장 지켜보기

꽃이 시들고 나서 남은 꽃받침을 살펴보면 며칠 내로 열매가 열릴 것임을 알 수 있다.

▶ Point

드디어 열매가 커다란 달걀 크기만큼 성장한다.

🌿 채소 선생님 후둥이의 꼼꼼 체크 3 🌿

대체 품종 고르기 ★ 뿌리채소, 열매채소편

국내에서 구하기 어려운 일본 품종 대신
국산 품종의 채소나 과일을 길러요.
우리 입맛에 잘 맞고 구하기도 쉬운 몇 가지 채소, 과일을 소개할게요.

1

섬고추, 하바네로 칠리

생소한 섬고추나 매워서 먹기 힘든 하바네로 칠리는 자주 먹는 풋고추나 꽈리고추, 청양고추 품종으로 대체해 기른다.

▶ Point

매운 고추를 전혀 못 먹는 체질이라면 오이 맛이 느껴지는 아삭이고추를 추천한다.

2

순무, 20일 무

순무와 20일 무도 익숙하지만 김장용으로 더 많이 기르는 품종은 무, 알타리무 등이다.

▶ Point

콜라비를 길러도 좋다. 줄기는 순무와 비슷하고 열매는 무 혹은 양배추 같은 느낌이다. 무와 달리 매운맛이 없는 게 특징이다.

3

계절 과일 고르기

여주, 개구리참외, 파파야 대신 누구나 좋아하는 수박, 딸기 등을 기른다. 아파트 베란다나 주택의 옥상에서도 기를 수 있다.

● 간편한 미니 화분 추천 ●

압축 배양토와 씨앗, 화분이 같이 들어 있는 세트 상품이 시중에 판매 중이에요.
원하는 과일이나 채소가 있다면 집 근처 1,000원 숍에 들러 구입해보세요.

방울양배추

방울토마토처럼 작은 크기의 양배추를 기를 수 있는 세트 상품으로 화분에 물을 넣고 배양토를 담은 뒤 배양토가 부풀면 가운데에 씨앗을 놓고 싹을 틔운다. 재배 방법은 패키지에 적혀있다. 다 자란 방울양배추는 지름 3~5cm 정도 크기이다.

미니오이

손가락 크기와 비슷한 미니오이는 비닐 패키지에 그대로 심어 수확할 수 있다. 봉투를 절취선에 맞게 자르고 씨앗을 심은 뒤 아래쪽에 구멍을 몇 개 뚫어 수경재배로 기른다.

블루베리·파프리카 등

색깔별 과일과 채소 중 원하는 것을 선택해 기른다. 방울양배추처럼 세트 상품으로 판매하며 종류도 다양하다. 블루베리, 파프리카, 딸기, 토마토 등의 키트 중 좋아하는 것으로 골라 재배 방법대로 기른다.

Q & A
수경 채소밭을 제대로 가꾸는 비결

Q 어떤 곳에서 수경 채소밭을 가꾸면 좋을까요?

A 하루에 보통 세 시간 이상 햇볕이 들고 수경재배 트레이나 수경재배 화분을 둘 수 있는 장소라면 어디든지 문제없습니다. 잎채소는 실내에서 충분히 재배할 수 있으며 겨울철에는 오히려 실외보다 더 잘 자라요. 가능하면 비를 피할 수 있는 곳이 좋답니다. 그런 의미에서 베란다가 가장 좋은 장소라고 할 수 있겠네요.

Q 비 오는 날에는 어떻게 해야 하나요?

A 비가 오면 수경재배 트레이의 배양액에 비가 섞이게 돼요. 그러니 비가 그치면 수경재배 트레이에 고인 배양액을 버리고 새로운 배양액으로 갈아주세요. 태풍이 다가오면 실내로 옮겨둬요. 쉽게 옮길 수 있다는 게 수경 채소밭의 가장 큰 장점이지요.

Q 한동안 집을 비울 때 채소가 시들면 어쩌죠?

A p.22에서 소개한 자동 급수병을 활용하세요. 하루 동안 배양액이 흡수되는 양을 며칠에 걸쳐 잘 관찰해 보면 집을 비우는 기간에 필요한 배양액의 양을 가늠할 수 있어요. 필요한 분량을 담을 수 있는 페트병으로 자동 급수병을 만들어 설치해두면 간단하답니다. 만약 자동 급수병 하나로 모자랄 때는 자동 급수병을 두 개 정도 설치해요.

겨울철에는 기온이 매우 낮아져서 걱정이에요.

 저는 소품 숍에서 구입한 간이 비닐하우스 선반에서 채소를 기르는데 매년 12월이 되면 물이 담긴 상자에 어항 히터를 넣어서 선반 가장 아래 단에 둡니다. 40ℓ 정도의 물에 150W의 어항 히터를 넣고 수온을 28~30℃로 만들면 수경 채소밭의 온도가 바깥보다 5℃ 이상 높아지거든요. 이렇게 해두면 채소의 성장에 아무런 지장이 없답니다.

바깥 기온과 수온의 차이가 크면 물의 증발이 빨라지므로 이틀에 한 번씩 물을 줘요.

 녹조가 발생하면 어떻게 처리하나요?

 아무리 꼼꼼히 빛을 차단해도 모종을 수경재배 트레이에 심고 한 달 정도 지나면 녹조가 생기기 마련이에요. 수경재배 트레이 안의 배지 위에 녹조가 발생했다면 일단 배양액을 버리고 배지가 완전히 잠길 만큼 수돗물을 부어요. 녹조가 발생한 부분의 배지를 젓가락으로 마구 휘저으면 녹조가 떨어진답니다. 채반이나 상자에 녹조가 발생한 경우라면 사진처럼 물과 스펀지로 씻어 냅니다.

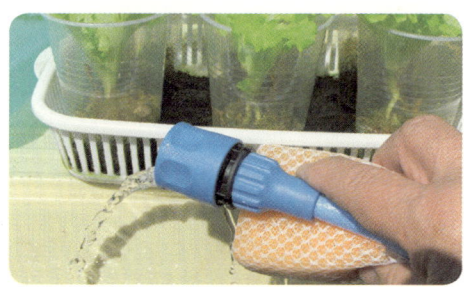 

녹조가 발생한 부분에 물을 살살이 뿌리고 스펀지로 가볍게 문지르면 녹조는 쉽게 떨어집니다.

스펀지로 문지를 때 세제는 따로 필요 없어요. 깨끗해지면 새로운 배양액을 넣고 수경재배 트레이를 다시 세팅해요.

Q 아파트 베란다에서 키울 때도 같은 방법으로 녹조를 없애나요?

A 베란다에서는 수돗물을 사용해 씻어내기 어려우니 애초부터 녹조가 발생하지 않도록 주의하세요. 녹조 발생을 막기 위해서는 배지 표면을 잘 덮는 것이 중요해요. 알루미늄 포일은 배지 표면을 덮는 재료로 쓰기에는 얇고 다루기 힘들어서 주로 시트지를 사용하죠. 플라스틱 컵 홀더의 크기에 맞춰 시트지를 둥글게 자릅니다. 그 시트지로 배지를 덮어 빛을 완전히 차단하면 간단해요. 질석이나 펄라이트가 아닌 물이끼나 야자 섬유 같은 식물성 재료를 배지로 사용하면 일반 쓰레기로 분류되어 뒤처리도 간단해요.

1 수확이 끝나면 차광용 시트지를 떼어내고 젓가락으로 모종 스펀지를 집어낸 뒤 홀더를 정리한다.

2 남은 배지와 거름망을 상자에 모으고 채반을 뒤집으면 뿌리가 꽉 차 있다.

3 스펀지처럼 엉킨 뿌리, 밑동, 배지는 일반 쓰레기로 모은다.

4 차광용 시트지, 플라스틱 컵 홀더, 거름망, 채반, 상자는 물로 씻어서 재활용한다.

어떤 재료를 배지로 사용할 수 있나요?

A 배지의 역할은 채소 뿌리에 산소를 공급하는 데 있어요. 물이끼나 거름망도 배지로 사용할 수 있는 셈이죠. 봄과 여름 사이, 늦여름과 가을 사이에 재배할 때는 질석 대신 물이끼나 거름망을 배지로 사용해요. 물론 질석을 사용할 때보다 채소의 성장이 더디지만 물이끼나 거름망은 바람이 불어도 주변을 더럽히지 않기 때문에 아파트 베란다에서 사용하기에 좋답니다.

● 물이끼 사용하기 ●

1 물이끼를 펼쳐놓고 물을 조금씩 부어서 불린 뒤 가위로 5mm~1cm 길이로 자른다.

2 상자에 거름망을 깔고 플라스틱 컵 홀더를 설치할 위치에 물이끼를 늘어놓는다.

3 차광용 시트지를 플라스틱 컵 홀더의 바닥 모양에 맞게 둥글게 잘라둔다.

4 플라스틱 컵 홀더에 모종 스펀지를 넣고 물이끼로 덮은 뒤 수경재배 트레이에 설치한다.

● 거름망 사용하기 ●

1 배지를 펼칠 때 사용하던 거름망 여덟 장을 겹쳐서 상자의 바닥 모양대로 자른다.

2 1의 거름망을 상자에 깔고 그 위에 군데군데 가른 행주를 한 장 올려둔다.

3 2의 수경재배 트레이가 완성되면 차광용 시트지를 플라스틱 컵 홀더 바닥 모양대로 둥글게 잘라 올린다.

4 플라스틱 컵 홀더의 바닥을 도려낸 후 스펀지가 조금 삐져나오도록 끼운다.

5 물이끼와 야자 섬유를 각각 물에 불리고 반반씩 섞어서 스펀지를 안정시킬 배지로 사용한다.

6 거름망 대신 뜰채망을 여덟 장 겹치고 그 위에 행주를 올려도 채소가 잘 자란다.

Epilogue

프롤로그에서도 얘기했듯 제 수경 채소밭은 매우 좁은 장소에 있습니다. 상추 같은 잎채소는 반 평 크기의 면적에 네 단짜리 선반을 놓고 입체적으로 재배하죠. 열매채소류도 폭이 약 2m밖에 안 되는 장소에서 재배합니다. 초여름부터 가을까지 재배하는 토마토는 세 그루밖에 없어요. 실내에서 재배한다고 해도 재배 장소는 돌출창의 창가입니다. 남동쪽으로 난 1.1m 폭의 돌출창과 남서쪽으로 난 70cm 폭의 돌출창에서도 실제로 사용하는 공간은 그 절반에 불과합니다.

이렇게 좁은 장소에서 재배하지만 우리 집에서는 채소를 거의 살 필요가 없어요. 제 재배법이라면 재배 공간이 크든 작든 1년 내내 신선하고 맛있는 무농약 채소를 먹을 수 있다고 자부합니다. 우리 집에서 채소를 기르는 즐거움을 독자 여러분과 나누고 싶어서 이 책을 출간하게 되었습니다.

《우리 집 채소밭》에서 47종류의 채소를 기르는 법을 이렇게 소개하게 되기까지의 과정은 아이디어 발상, 실험, 실패, 개량의 연속이었습니다. 전작《뻔뻔한 할아버지의 초간단 수경재배-언제든지 레티스》가 발간된 때는 2006년 8월이었는데, 책이 인쇄를 시작하기 직전에 새로운 재배법을 완성해서 본문 내용을 추가한 적이 있습니다.

그 새로운 재배법이 바로 티백으로 만든 재배 백을 사용하는 노하우입니다. 이 재배법을 개발하게 된 계기는 조간신문 한 면 전체에 실린 드립 커피 광고였습니다. 한 잔 분량의 팩으로 둘러싸인 커피 가루에 뜨거운 물을 부어 내리는 장면이었습니다. 저는 이 사진을 보고 티백을 이용한 재배법을 떠올렸고 여러 시행착오 끝에 완성했습니다.

마침내 쪽파, 마늘, 강낭콩, 미니 당근 등 대부분의 채소를 한 줌밖에 안 되는 배지에 직접 씨앗을 뿌려 재배할 수 있다는 사실을 알아냈습니다. 가정 채소밭의 전문가인 제 스승님은 좋은 작물을 기르려면 깊은 플랜터를 사용해서 뿌리가 깊이 자라도록 해야 한다고 가르쳐 주셨지만 수경 채소밭의 경우 뿌리보다 5mm만 더 깊게 배지를 만들어도 채소가 멋들어지게 자랍니다.

그 후로도 계속해서 멋진 아이디어가 떠올랐습니다. 제 수경 채소밭에서는 농약을 사용하지 않습니다. 처음에는 EM균이 섞인 '스토추(EM균 외에 물, 당밀, 양조초, 소주 등을 섞어 만든 자연 농약)'나 '죽초액(대나무로 만든 자연 농약)'으로 해충을 막으려고 노력했습니다. 잎채소는 아무리 노력해도 해충이 생겨서 그것을 퇴치하는 게 가장 큰 고민이었습니다.

방충망 보자기
방충망 보자기를 만들기 전에는 조그만 틈으로 벌레가 들어가 채소가 전멸한 적이 있습니다. 지금의 방충망 보자기로는 완벽하게 해충을 막을 수 있으니 걱정 마세요.

그러던 어느 날 100엔 숍에서 세탁물 자루를 보고 이것을 뼈대로 사용해서 부직포를 씌우면 모종을 덮어 해충을 막을 수 있지 않을까 추측하고 시도해봤습니다. 예상은 멋지게 적중했고 벌레 한 마리 달라붙지 않은 상추를 재배할 수 있었습니다. 얼마 지나지 않아 대형 세탁망까지 활용한 방충 도구를 만들어서 '방충망 보자기'라는 이름을 붙였습니다.

저는 이 책을 집필하는 지금도 새로운 재배법을 실험하고 있습니다. 재배법은 늘 개량 중이며 종점은 없습니다. 이 책에서 소개한 재배법은 모두 제가 생각해낸 방법입니다. 여러분이 자신의 재배 환경에 맞는 독자적인 아이디어를 더해 이 재배법을 발전시켜주면 좋겠습니다. 그렇게만 된다면 어떤 가정에서도 만족할 만한 채소를 자급자족할 수 있을 거예요.

덧붙여 이 재배법으로 기른 채소를 판매하는 것은 삼가시기 바랍니다. 제 재배법은 어디까지나 가정 채소밭을 즐겁게 가꾸기 위한 재배법이므로 채소를 만들어 파는 프로의 영역에는 어울리지 않기 때문이죠. 이 책의 재배법으로 장치를 만들거나 재배한 작물을 상품으로 파는 경우에는 특허를 가진 제 동의가 필요하다는 사실, 꼭 기억해주세요.

이토 류조

국내 유일 1,000원 숍인 다이소에서
각종 씨앗을 협찬했습니다.

2013년 3월 22일 | 초판 1쇄 인쇄
2013년 3월 27일 | 초판 1쇄 발행

지은이 | 이토 류조
옮긴이 | 이용택
발행인 | 전재국
부문장 | 이광자

임프린트 대표 | 이동은
책임편집 | 박햇님
경영관리본부장 | 정유한
책임마케팅 | 노경석 · 윤주환 · 조안나 · 이철주
제작 | 정웅래 · 박순이

발행처 | 미호
출판등록 | 2011년 1월 27일(제321-2011-000023호)

주소 | 서울특별시 서초구 사임당로 82
전화 | 편집 (02)3487-1141 · 영업 (02)2046-2800
팩스 | 편집 (02)3487-1161 · 영업 (02)588-0835

ISBN 978-89-527-6853-7 13590

본서의 내용을 무단 복제하는 것은 저작권법에 의해 금지되어 있습니다.
파본이나 잘못된 책은 구입한 곳에서 교환해 드립니다.

미호는 아름답고 기분 좋은 책을 만드는
(주)시공사의 임프린트입니다.